NE능률 영어교과서

대한민국 고등학생 **10**명 중 **4.7** 명이 보는 교과서

영어 고등 교과서 점유율 1위
(7차, 2007 개정, 2009 개정, 2015 개정)

능률보카

그동안 판매된
능률VOCA 1,100만 부

대한민국 박스오피스
**천만명을 넘은 영화
단 28개**

리딩튜터

그동안 판매된
리딩튜터 1,800만 부
차곡차곡 쌓으면 18만 미터

**에베레스트
20배 높이**

180,000m

에베레스트 8,848m

그래머존

그동안 판매된 400만 부의 그래머존
1000km 서

서울

부산

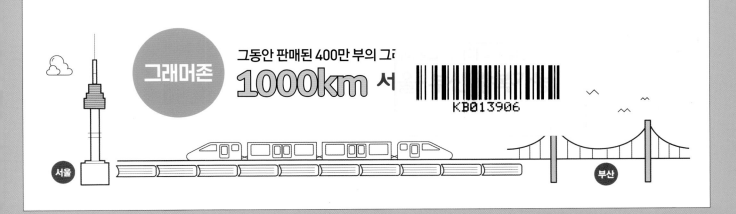

초등영어 사이트워드가 된다 2

지은이	NE능률 영어교육연구소
선임 연구원	김지현
연구원	김현숙, 설북
영문 교열	Curtis Thompson, Angela Lan
디자인	오솔길
내지 일러스트	윤영선, 정민정
맥편집	윤혜민
영업	한기영, 이경구, 박인규, 정철교, 김남준, 이우현, 하진수
마케팅	박혜선, 남경진, 이지원, 김여진

Photo credits   Shutterstock.com

초등영어
사이트 워드가 된다 ②

사이트 워드란?

보자마자 한 눈에 바로 읽어야 하는, 매우 높은 빈도로 등장하는 단어(high-frequency words)를 말합니다.   와 같은 단어들이에요.

왜 사이트 워드를 학습해야 할까요?

사이트 워드는 파닉스 규칙을 적용할 수 없는 단어들이 많아요. 또한, 파닉스 규칙을 적용하여 소리를 해독하면서 읽으려면, 빨리 읽기 어렵습니다. 이게 바로, 파닉스를 학습하고도 읽기에 어려움을 겪는 이유입니다. 사이트 워드를 바로 읽을 수 있어야 읽기 속도, 즉 유창성을 높일 수 있습니다. 사이트 워드는 파닉스에서 리딩 단계로 가는 다리 역할을 합니다. 파닉스 학습 후, 또는 파닉스 학습과 함께 사이트 워드를 익히는 것은 읽기 독립을 위해 필수적입니다.

그렇다면 어떻게 사이트 워드를 학습해야 할까요?

사이트 워드를 익히는 방법은 단어를 자주 그리고 많이 보는 것입니다. 글자를 해독하듯 읽지 않고, 단어 자체를 이미지화하여 보고 익히며 의미와 함께 기억해야 합니다. 이를 위해서는 반복적인 학습이 필요합니다. 반복적인 학습을 통해 유창성과 정확성 모두를 손에 넣을 수 있습니다.

① 단계적으로, 반복적으로, 차곡차곡 쌓이는 영어 자신감!

⭐ 읽기 활용도가 높은 사이트 워드 학습으로 읽기 독립이 가능해요

- 언어학자 Dolch와 Fry가 정리한 사이트 워드 목록을 바탕으로 하여 초등필수어 휘와 중복되는 단어로 선별된 192개 단어를 학습해요.
- 개별 사이트 워드 학습에서 그치지 않아요. 단어에서 문장으로, 문장에서 스토리 까지 학습해요.
- 파닉스 이후 초등영어의 간극을 메꾸며 읽기 독립을 이룰 수 있어요.

⭐ 누적 반복 학습해요

사이트 워드 4개, 패턴 문장 2개 학습	→	사이트 워드 4개 혼합 학습	→	4일 동안 학습한 사이트 워드와 패턴 문장 복습	→	사이트 워드가 포함된 스토리 읽기

② 사이트 워드를 재미있게! 많이!

⭐ 부담은 줄고 재미는 늘어나요

- 사이트 워드는 많이 보고 익숙해져야 해요. 하지만 지루하고 부담스러운 학습이 아니에요.
- 미로 찾기, 다른 그림 찾기, 사다리 타기 등 재미있는 활동으로 지루할 틈 없이 사 이트 워드를 반복적으로 보고 익혀요.

⭐ 두 달 동안 192개 사이트 워드를 마스터해요

- 하루에 4쪽, 사이트 워드 4개가 쌓여, 2개월에 사이트 워드 192개를 학습해요.

초등영어 사이트 워드가 된다로 공부하면
분명, 빠르고 정확하게 읽을 수 있어요!
읽기 독립이 가능해요!

사이트 워드 확인하기

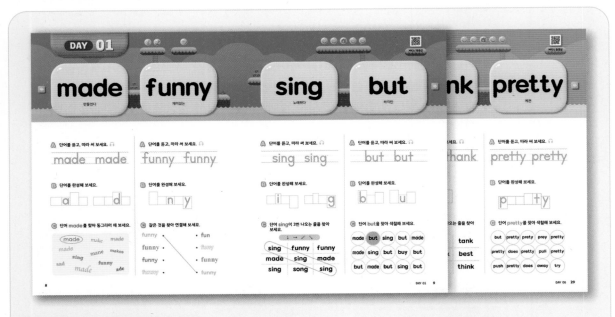

오늘 학습할 사이트 워드를 확인해요.
커다란 글씨의 사이트 워드를 보며 눈에 익혀요.

눈과 귀로 익히기
- 눈으로 보고, 귀로 들으며, 손으로 써요.
- 듣고 따라 쓰기, 단어 완성하기, 단어 찾기, 철자 쓰기 활동 등을 통해 사이트 워드를 반복적으로 익혀요.

재미있는 활동으로 사이트 워드와 친숙해지기

미로 찾기, 사다리 타기, 다른 그림 찾기와 같은 재미있는 활동을 하며 사이트 워드와 자연스럽게 친숙해질 수 있어요.

문장 읽기 훈련하기

- 단어가 피라미드처럼 차곡차곡 쌓여 문장을 이루는 것을 익혀요.
- 문장 속에서 사이트 워드를 보고 읽을 수 있어요.

사이트 워드와 문장 확인하기

- 학습한 사이트 워드와 문장을 여러 활동을 통해 확인해요.
- 사이트 워드가 포함된 재미있는 스토리를 읽으며 읽기 능력을 한 단계 업그레이드해요.

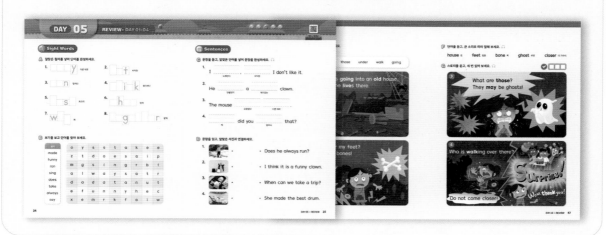

	Sight Words				Sentence Patterns	
Day 01	made	funny	sing	but	He made a funny clown.	I sing, but I don't like it.
Day 02	does	take	together	when	Does she take a trip?	When can we swim together?
Day 03	ran	away	always	run	The mouse ran away.	I always run to the slide.
Day 04	why	say	think	best	Why did you say that?	I think it is the best drum.
Day 05	Review					
Day 06	walk	going	thank	pretty	He is going for a walk.	Thank you for the pretty dress.
Day 07	may	about	these	old	They may be old.	What are these books about?
Day 08	went	around	those	well	We went around the slide.	Those boys are playing well.
Day 09	sleep	after	live	under	You can sleep after class.	No one lives under the tree.
Day 10	Review					
Day 11	had	two	long	buy	He once had two snakes.	I will buy a long bench.
Day 12	very	small	pick	from	The shell was very small.	Pick the grapes from the basket.
Day 13	pull	could	every	time	She could not pull the truck.	Every time I sing, I'm happy.
Day 14	soon	again	because	brown	We will sing again soon.	I like this bench because it is brown.
Day 15	Review					

	Sight Words				Sentence Patterns	
Day 16	of	them	only	him	One of them is good.	I only want to meet him.
Day 17	fly	four	found	up	He found four boys.	The birds fly up in the sky.
Day 18	as	cold	many	saw	This is as cold as snow.	I saw many horses at the farm.
Day 19	tell	done	were	by	Tell me when you are done.	There were toys by the window.
Day 20	Review					
Day 21	just	start	today	cut	We just started playing.	He cut his hand today.
Day 22	hurt	much	never	hot	My arms hurt so much.	Never play with a hot spoon.
Day 23	any	more	would	or	Is there any more pie?	He would boil corn or ham.
Day 24	own	write	round	give	He can write his own name.	I give my dog a round ball.
Day 25	Review					
Day 26	try	call	before	work	Try to call me again!	We work before we play.
Day 27	keep	warm	wash	us	I will keep it warm.	They will wash it for us.
Day 28	gave	carry	light	both	This camera is light to carry.	He gave the letter to both of us.
Day 29	fall	off	bring	full	I don't want to fall off.	Bring a glass full of water.
Day 30	Review					

DAY 01

made
만들었다

funny
재미있는

A 단어를 듣고, 따라 써 보세요. 🎧

made made

A 단어를 듣고, 따라 써 보세요. 🎧

funny funny

B 단어를 완성해 보세요.

B 단어를 완성해 보세요.

C 단어 made 를 찾아 동그라미 해 보세요.

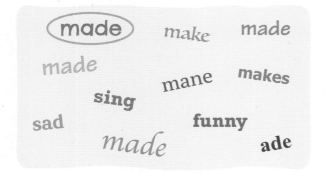

C 같은 것을 찾아 연결해 보세요.

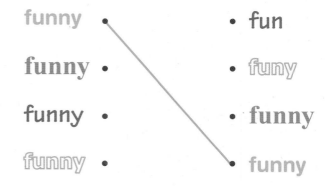

funny • • fun
funny • • funny
funny • • funny
funny • • funny

sing
노래하다

but
하지만

Ⓐ 단어를 듣고, 따라 써 보세요. 🎧

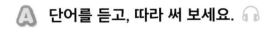

sing　sing

Ⓑ 단어를 완성해 보세요.

i　　　g

Ⓒ 단어 sing이 3번 나오는 줄을 찾아 보세요.

↓　→　↙　↘

sing	funny	funny
made	sing	made
sing	song	sing

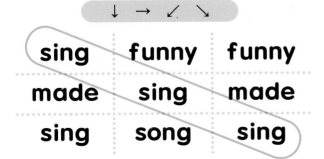

Ⓐ 단어를 듣고, 따라 써 보세요. 🎧

but　but

Ⓑ 단어를 완성해 보세요.

b　　u

Ⓒ 단어 but을 찾아 색칠해 보세요.

made	but	sing	but	made
made	sing	but	buy	but
but	made	but	sing	but

D made, funny, sing, but 단어를 따라가면서 소녀가 집에 도착하도록 길을 그려 보세요.

E 철자를 순서대로 배열하고, 알맞은 뜻과 연결해 보세요.

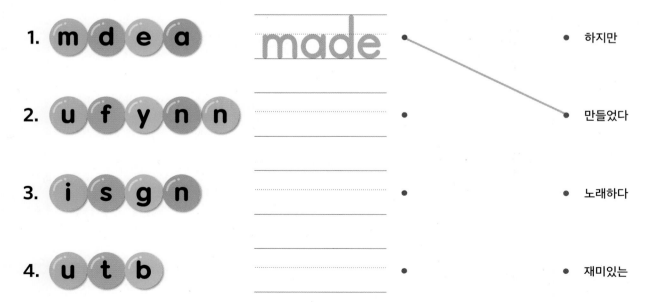

1. m d e a   made   •   • 하지만

2. u f y n n   •   • 만들었다

3. i s g n   •   • 노래하다

4. u t b   •   • 재미있는

Point ➡ Read ➡ Trace & Stick

1

made   funny

He
He made
He made a funny
He made a funny clown.

그는 재미있는 광대를 만들었어요.

He made a funny ★ .

2

sing   but

I sing
I sing, but
I sing, but I
I sing, but I don't like it.

나는 노래하지만, 그것을 좋아하지 않아요.

I ★ , but I don't like it.

DAY 02

does
\<묻는 문장을 만듦\>, 하다

take
가다, 하다

A 단어를 듣고, 따라 써 보세요. 🎧

does does

B 단어를 완성해 보세요.

	o					s

C 단어 does를 찾아 동그라미 해 보세요.

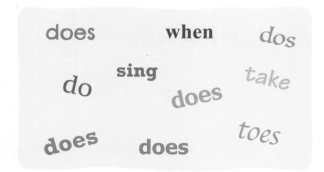

does　　　when　　　dos

do　　sing　　take

does

does　　does　　toes

A 단어를 듣고, 따라 써 보세요. 🎧

take take

B 단어를 완성해 보세요.

		k			a		

C 같은 것을 찾아 연결해 보세요.

take ·　　　　　　· take

take ·　　　　　　· tale

take ·　　　　　　· take

take ·　　　　　　· tak

together
함께

when
언제, ~할 때

A 단어를 듣고, 따라 써 보세요. 🎧

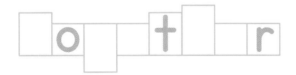

together

A 단어를 듣고, 따라 써 보세요. 🎧

when   when

B 단어를 완성해 보세요.

o		t		r

B 단어를 완성해 보세요.

	h			n

C 단어 together가 3번 나오는 줄을 찾아 보세요.

sing	together	took
take	together	made
but	together	together

C 단어 when을 찾아 색칠해 보세요.

when	but	when	when	made
when	made	wehn	when	why
take	when	where	sing	when

D does, take, together, when 단어를 찾아 각각 몇 개인지 세어 보세요.

does _____ take _____ together _____ when _____

E 철자를 순서대로 배열하고, 알맞은 뜻과 연결해 보세요.

1. e s o d _____ • • 언제, ~할 때

2. a k e t _____ • • 함께

3. h n e w _____ • • 가다, 하다

4. o g t t e h r e _____ • • <묻는 문장을 만듦>, 하다

손가락을 대고 큰 소리로 읽어 보세요. 문장을 따라 쓰고, 스티커를 붙여서 완성해 보세요.

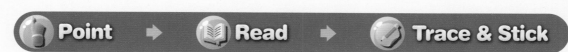

1

does   take

Does
Does she
Does she take
Does she take a trip?

그녀는 여행을 가나요?

Does she take a  ?

2

when   together

When
When can
When can we
When can we swim together?

언제 우리 함께 수영할 수 있나요?

When can we  together?

ran

달렸다, 도망쳤다

away

다른 데로

A 단어를 듣고, 따라 써 보세요. 🎧

ran ran

A 단어를 듣고, 따라 써 보세요. 🎧

away away

B 단어를 완성해 보세요.

	a				n

B 단어를 완성해 보세요.

	w	

		a	

C 단어 ran 을 찾아 동그라미 해 보세요.

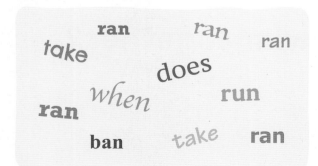

C 같은 것을 찾아 연결해 보세요.

away •   • way

away •   • away

away •   • away

away •   • always

항상

달리다

A 단어를 듣고, 따라 써 보세요. 🎧

always always

A 단어를 듣고, 따라 써 보세요. 🎧

run run

B 단어를 완성해 보세요.

B 단어를 완성해 보세요.

C 단어 **always**가 3번 나오는 줄을 찾아 보세요.

away	always	but
always	always	always
take	ran	ways

C 단어 **run**을 찾아 색칠해 보세요.

but	run	run	sun	sing
ran	run	run	ran	run
run	when	but	run	but

D 각 그림에서 ran, away, always, run 단어를 찾아 동그라미 해 보세요.

🔍 두 그림의 다른 부분 7군데를 찾아 보세요.

E 철자를 순서대로 배열하고, 알맞은 뜻과 연결해 보세요.

1. a r n   •   • 항상

2. y w a a   •   • 다른 데로

3. n r u   •   • 달리다

4. l a y a w s   •   • 달렸다, 도망쳤다

Point ➡ **Read** ➡ **Trace & Stick**

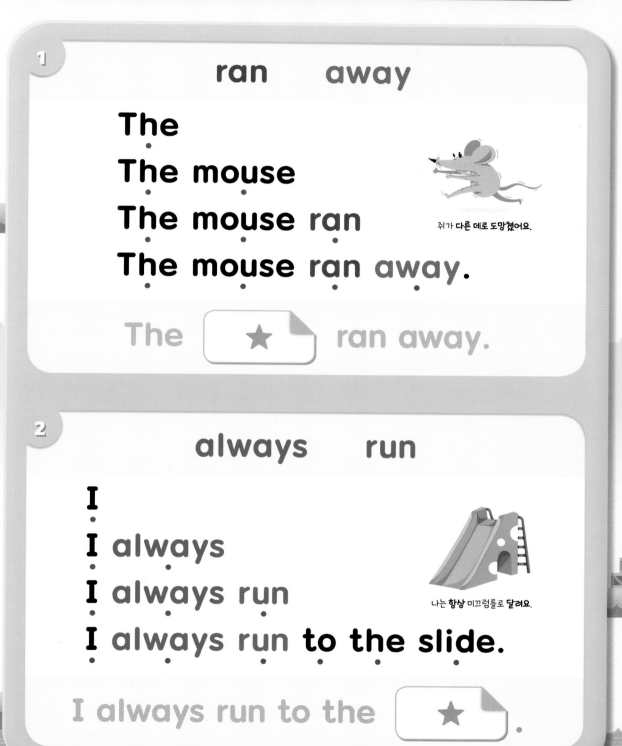

1

ran   away

The
The mouse
The mouse ran
The mouse ran away.

쥐가 **다른 데로 도망쳤어요.**

The ★ ran away.

2

always   run

I
I always
I always run
I always run **to the slide.**

나는 **항상** 미끄럼틀로 **달려요.**

I always run to the ★ .

DAY 04

why
왜

say
말하다

Ⓐ 단어를 듣고, 따라 써 보세요. 🎧

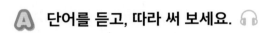

why why

Ⓑ 단어를 완성해 보세요.

w □ □ h □

Ⓒ 단어 why를 찾아 동그라미 해 보세요.

why   when   why
when   run
     but   why
why   away   why

Ⓐ 단어를 듣고, 따라 써 보세요. 🎧

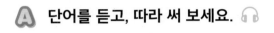

say say

Ⓑ 단어를 완성해 보세요.

□ a □ □ □ y

Ⓒ 같은 것을 찾아 연결해 보세요.

say •   • say

say •   • way

say •   • say

say •   • may

20

think
생각하다

best
최고의

A 단어를 듣고, 따라 써 보세요. 🎧

think think

A 단어를 듣고, 따라 써 보세요. 🎧

best best

B 단어를 완성해 보세요.

	h		

B 단어를 완성해 보세요.

b				e	

C 단어 think가 3번 나오는 줄을 찾아 보세요.

think	tink	run
think	ink	think
think	always	think

C 단어 best를 찾아 색칠해 보세요.

best	but	best	bet	best
buy	best	but	best	but
but	best	best	buy	but

D 사다리를 타며 선을 긋고, 같은 단어를 써 보세요.

why   say   think   best

E 철자를 순서대로 배열하고, 알맞은 뜻과 연결해 보세요.

1. h y w   _____ •   • 말하다

2. y s a   _____ •   • 최고의

3. t s b e   _____ •   • 생각하다

4. k i t n h   _____ •   • 왜

손가락을 대고 큰 소리로 읽어 보세요. 문장을 따라 쓰고, 스티커를 붙여서 완성해 보세요.

Point ➡ **Read** ➡ **Trace & Stick**

1

why   say

Why
Why **did you**
Why **did you** say
Why **did you** say **that?**

너는 왜 그렇게 **말했니?**

Why did you ⭐ that?

2

think   best

I think
I think **it is**
I think **it is** the **best**
I think **it is** the **best drum.**

나는 그것이 **최고의** 드럼이라고 **생각해요.**

I think it is the best ⭐ .

Sight Words

A 알맞은 철자를 넣어 단어를 완성하세요.

1. ☐ ☐ ☐ y   다른 데로

2. ☐ ☐ t   하지만

3. ☐ n   달리다

4. ☐ i ☐ k   생각하다

5. ☐ s ☐   최고의

6. ☐ h ☐ ☐   언제

7. w ☐   왜

8. ☐ ☐ g ☐ ☐ r   함께

B 보기를 보고 단어를 찾아 보세요.

보기
made
funny
ran
sing
does
take
always
say

o	y	s	s	t	a	k	e	e
z	t	d	o	e	s	a	i	p
m	g	s	i	n	g	r	b	l
a	l	w	a	y	s	a	t	r
d	a	d	a	t	a	n	u	t
e	f	u	n	n	y	h	e	c
x	e	m	r	k	f	a	i	w

Sentences

C 문장을 듣고, 알맞은 단어를 넣어 문장을 완성하세요. 🎧

1. I _____ , _____ I don't like it.
   노래한다   하지만

2. He _____ a _____ clown.
   만들었다   재미있는

3. The mouse _____ _____ .
   도망쳤다   다른 데로

4. _____ did you _____ that?
   왜   말하다

D 문장을 읽고, 알맞은 사진과 연결하세요.

1.   •   • Does he always run?

2.   •   • I think it is a funny clown.

3.   •   • When can we take a trip?

4.   •   • She made the best drum.

E 보기 단어들을 찾아 동그라미 해 보세요.

보기

| say | when | best | think | always | together |

1

I **think** Brady is the **best** pet.
People **say** we are **best** friends.

2

We are **always together**.
When I hide, he **always** finds me.

F 단어를 듣고, 큰 소리로 따라 말해 보세요. 🎧

pet 반려동물　　　**friend** 친구　　　**hide** 숨다　　　**throw** 던지다　　　**catch** 잡다

G 스토리를 듣고, 세 번 읽어 보세요. 🎧

When I throw a ball, he **always** catches it.

But when I **take** a bath,
he **always runs away**!

DAY 06

walk
걷기, 걷다

going
가고 있는

Ⓐ 단어를 듣고, 따라 써 보세요. 🎧

walk walk

Ⓑ 단어를 완성해 보세요.

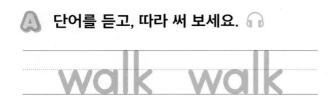

Ⓒ 단어 walk를 찾아 동그라미 해 보세요.

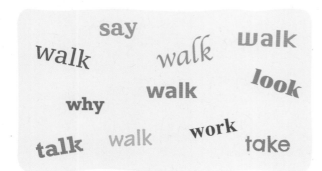

say
walk walk walk
look
why walk
talk walk work take

Ⓐ 단어를 듣고, 따라 써 보세요. 🎧

going going

Ⓑ 단어를 완성해 보세요.

Ⓒ 같은 것을 찾아 연결해 보세요.

going •   • go

going •   • doing

going •   • going

going •   • going

thank

감사하다

pretty

예쁜

MP3 / 동영상

Ⓐ 단어를 듣고, 따라 써 보세요. 🎧

thank thank

Ⓑ 단어를 완성해 보세요.

□ □ a n □

Ⓒ 단어 **thank**가 3번 나오는 줄을 찾아 보세요.

thank	take	tank
thank	thank	best
thank	take	think

Ⓐ 단어를 듣고, 따라 써 보세요. 🎧

pretty pretty

Ⓑ 단어를 완성해 보세요.

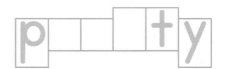

p □ □ t y

Ⓒ 단어 **pretty**를 찾아 색칠해 보세요.

but	pretty	pretty	prey	pretty
pretty	does	pretty	pull	pretty
push	pretty	does	away	try

D **walk**, **going**, **thank**, **pretty** 단어를 따라가면서 원숭이가 배에 도착하도록 길을 그려 보세요.

E 철자를 순서대로 배열하고, 알맞은 뜻과 연결해 보세요.

1. l a w k _____ • • 걷기, 걷다

2. o g n i g _____ • • 예쁜

3. t a n k h _____ • • 감사하다

4. r y t e t p _____ • • 가고 있는

Point ➡ Read ➡ Trace & Stick

1 going   walk

He
He is going
He is going for
He is going for a walk.

그는 산책하러 가고 있어요.

He is going for a  .

2 thank   pretty

Thank
Thank you
Thank you for the
Thank you for the pretty dress.

예쁜 드레스 고마워요.

Thank you for the pretty  .

DAY 07

may
~일지도 모른다

about
~에 관한

Ⓐ 단어를 듣고, 따라 써 보세요. 🎧

may may

Ⓑ 단어를 완성해 보세요.

m□ □y

Ⓒ 단어 **may**를 찾아 동그라미 해 보세요.

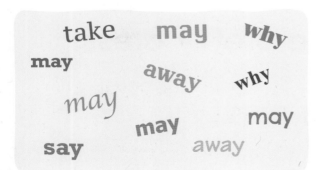

take   may   why

may   away   why

may

may   may

say   away

Ⓐ 단어를 듣고, 따라 써 보세요. 🎧

about about

Ⓑ 단어를 완성해 보세요.

a□o□

Ⓒ 같은 것을 찾아 연결해 보세요.

about •   • about

about •   • boat

about •   • about

about •   • around

these

이(것들)

old

나이가 든, 낡은

Ⓐ 단어를 듣고, 따라 써 보세요. 🎧

Ⓑ 단어를 완성해 보세요.

	e s	

Ⓒ 단어 these가 3번 나오는 줄을 찾아 보세요.

thank	take	these
these	these	these
think	take	those

Ⓐ 단어를 듣고, 따라 써 보세요. 🎧

Ⓑ 단어를 완성해 보세요.

			o	
	l			

Ⓒ 단어 old를 찾아 색칠해 보세요.

old	but	old	run	told
may	old	run	old	and
old	but	old	sold	old

D **may**, **about**, **these**, **old** 단어를 찾아 각각 몇 개인지 세어 보세요.

> may _____   about _____   these _____   old _____

E 철자를 순서대로 배열하고, 알맞은 뜻과 연결해 보세요.

1. **a y m**   _____   •   • ~에 관한

2. **o b a t u**   _____   •   • 이(것들)

3. **h e t e s**   _____   •   • ~일지도 모른다

4. **l d o**   _____   •   • 나이가 든, 낡은

손가락을 대고 큰 소리로 읽어 보세요. 문장을 따라 쓰고, 스티커를 붙여 완성해 보세요.

1

may   old

They
They may
They may be
They may be old.

그들은 나이가 많을지도 몰라요.

They may be ★ .

2

these   about

What
What are
What are these books
What are these books about?

이 책들은 무엇에 관한 거예요?

What are these ★ about?

DAY 08

went
갔다

around
~ 주위에

Ⓐ 단어를 듣고, 따라 써 보세요. 🎧

went went

Ⓑ 단어를 완성해 보세요.

| | e | | | | | | | t |

Ⓒ 단어 went를 찾아 동그라미 해 보세요.

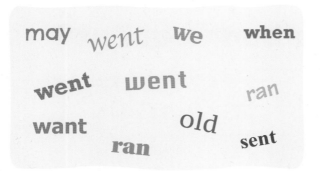

may went we when

went went ran

want old sent

Ⓐ 단어를 듣고, 따라 써 보세요. 🎧

around around

Ⓑ 단어를 완성해 보세요.

| a | | | n | | |

Ⓒ 같은 것을 찾아 연결해 보세요.

around •   • about

around •   • around

around •   • around

around •   • arownd

those

저(것들)

well

잘

A 단어를 듣고, 따라 써 보세요. 🎧

those those

B 단어를 완성해 보세요.

h   e

C 단어 those가 3번 나오는 줄을 찾아 보세요.

think	that	those
these	those	these
those	those	thank

A 단어를 듣고, 따라 써 보세요. 🎧

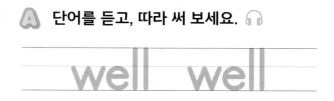

well well

B 단어를 완성해 보세요.

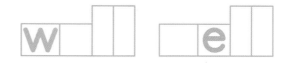

w   e

C 단어 well을 찾아 색칠해 보세요.

went	well	will	why	well
why	well	well	tell	will
well	will	well	sell	way

D 각 그림에서 went, around, those, well 단어를 찾아 동그라미 해 보세요.

🔍 두 그림의 다른 부분 7군데를 찾아 보세요.

E 철자를 순서대로 배열하고, 알맞은 뜻과 연결해 보세요.

1. e w t n _____ • • 잘

2. r o a d u n _____ • • ~ 주위에

3. h e o t s _____ • • 저(것들)

4. e w l l _____ • • 갔다

손가락을 대고 큰 소리로 읽어 보세요. 문장을 따라 쓰고, 스티커를 붙여 완성해 보세요.

1

went   around

We
We went
We went around
We went around **the slide.**

우리는 미끄럼틀 주위에 갔어요.

We went around the ★ .

2

those   well

Those
Those boys
Those boys are playing
Those boys are playing well.

저 소년들은 잘 놀고 있어요.

Those boys are ★ well.

DAY 09

sleep
자다

after
~ 후에

A 단어를 듣고, 따라 써 보세요. 🎧

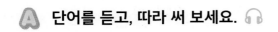

sleep sleep

B 단어를 완성해 보세요.

s l e e p

C 단어 sleep을 찾아 동그라미 해 보세요.

slep   *say*   sleep   sing

sleep   sleep   sleep

say

sing   sleep   sled

A 단어를 듣고, 따라 써 보세요. 🎧

after after

B 단어를 완성해 보세요.

a f t e r

C 같은 것을 찾아 연결해 보세요.

after •   • after

after •   • ater

after •   • after

after •   • about

live
살다

under
~ 아래에

A 단어를 듣고, 따라 써 보세요. 🎧

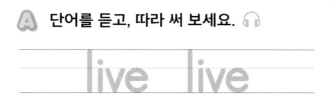

live live

B 단어를 완성해 보세요.

l i _ _ _ _ v _

C 단어 live가 3번 나오는 줄을 찾아 보세요.

live	live	live
life	live	libe
love	love	lid

A 단어를 듣고, 따라 써 보세요. 🎧

under under

B 단어를 완성해 보세요.

u _ _ r

C 단어 under를 찾아 색칠해 보세요.

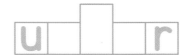

and	under	after	fund	under
sing	but	under	about	un
under	un	under	may	under

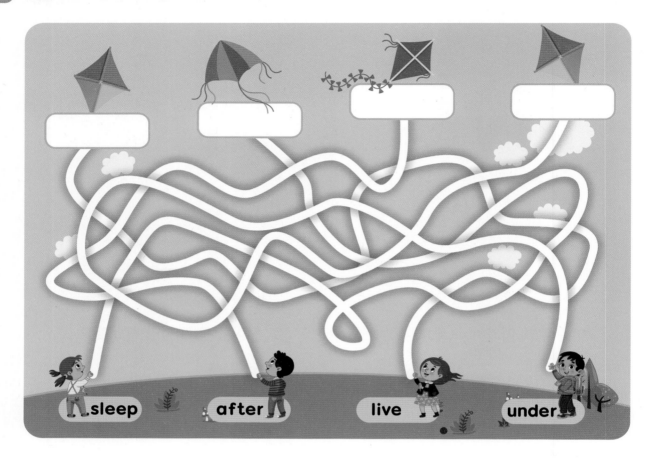

D 선을 따라 가서, 단어를 다시 써 보세요.

sleep   after   live   under

E 철자를 순서대로 배열하고, 알맞은 뜻과 연결해 보세요.

1. l p e s e   ....   •   • ~ 후에

2. r f a t e   ....   •   • 살다

3. i v l e   ....   •   • ~ 아래에

4. r u e d n   ....   •   • 자다

1

sleep   after

You
You can
You can sleep
You can sleep after class.

너는 수업 **후에 잘** 수 있어.

You can  after class.

2

live   under

No one
No one lives
No one lives under
No one lives under the tree.

아무도 나무 **아래에 살지** 않아요.

No one lives under the  .

Sight Words

A 알맞은 철자를 넣어 단어를 완성하세요.

1. ☐ ☐ k 걷기, 걷다

2. ☐ d 나이 든

3. ☐ n ☐ 갔다

4. ☐ ☐ ☐ k 생각하다

5. ☐ b ☐ ☐ ☐ ~에 관한

6. ☐ ☐ t ☐ ☐ 예쁜

7. ☐ ☐ ☐ n ☐ ~ 주위에

8. ☐ ☐ ☐ g 가고 있는

B 보기를 보고 단어를 찾아 보세요.

보기
may
well
these
live
those
sleep
after
under

o	a	t	t	h	e	s	e	e
z	t	w	h	u	i	l	l	p
m	g	s	o	n	g	e	e	r
a	a	w	s	d	s	e	s	r
y	a	d	e	e	l	p	e	t
a	f	t	e	r	y	h	e	c
w	e	l	l	k	l	i	v	e

Sentences

C 문장을 듣고, 알맞은 단어를 넣어 문장을 완성하세요. 🎧

1.
No one _____ _____ the tree.
   산다   ~ 아래에

2.
They _____ be _____ .
   ~일지도 모른다   나이가 든, 낡은

3.
We _____ _____ the slide.
   갔다   ~ 주위에

4.
_____ boys are playing _____ .
   저(것들)   잘

D 문장을 읽고, 알맞은 사진과 연결하세요.

1. •   • They are going for a walk.

2. •   • Thank you for these books.

3. •   • He may sleep after the class.

4. •   • No one is playing around the slide.

 **Story**

E 보기 단어들을 찾아 동그라미 해 보세요.

| may | old | live | those | under | walk | going |

1 Elly is **going** into an **old** house.
No one **live**s there.

2 What is **under** my feet?
They **may** be bones!

house 집　　　**feet** 발들　　　**bone** 뼈　　　**ghost** 유령　　　**closer** 더 가까이

G 스토리를 듣고, 세 번 읽어 보세요. 🎧

3
What are **those**?
They **may** be ghosts!

4
Who is **walk**ing over there?

Surprise!

Wow, thank you!

Do not come closer!

DAY 11

had
가지고 있었다

two
2, 둘(의)

A 단어를 듣고, 따라 써 보세요. 🎧

had had

B 단어를 완성해 보세요.

| a | | | d |

C 단어 **had**를 찾아 동그라미 해 보세요.

  these

has run

sad had

had have has

way

A 단어를 듣고, 따라 써 보세요. 🎧

two two

B 단어를 완성해 보세요.

| | o | | w | |

C 같은 것을 찾아 연결해 보세요.

two •   • two

two •   • two

two •   • tow

two •   • too

long
긴

buy
사다

Ⓐ 단어를 듣고, 따라 써 보세요. 🎧

long long

Ⓐ 단어를 듣고, 따라 써 보세요. 🎧

buy buy

Ⓑ 단어를 완성해 보세요.

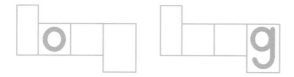

Ⓑ 단어를 완성해 보세요.

Ⓒ 단어 long이 3번 나오는 줄을 찾아 보세요.

long	song	long
long	live	long
live	sing	long

Ⓒ 단어 buy를 찾아 색칠해 보세요.

buy	buy	way	buy	say
buy	old	say	way	buy
had	way	why	best	buy

D had, two, long, buy 단어를 따라가면서 소년이 분수대에 도착하도록 길을 그려 보세요.

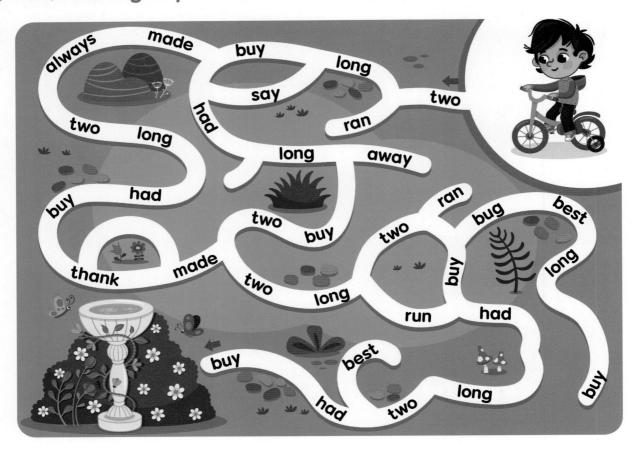

E 철자를 순서대로 배열하고, 알맞은 뜻과 연결해 보세요.

1. d h a   _____ •   • 긴

2. w t o   _____ •   • 사다

3. n o l g _____ •   • 가지고 있었다

4. u b y   _____ •   • 2, 둘(의)

손가락을 대고 큰 소리로 읽어 보세요. 문장을 따라 쓰고, 스티커를 붙여서 완성해 보세요.

1

had   two

He
He once had
He once had two
He once had two **snakes.**

그는 한때 **두 마리의** 뱀을 가지고 **있었어요.**

He once had two ★ .

2

buy   long

I
I will buy
I will buy a long
I will buy a long **bench.**

나는 **긴 벤치를 살** 거예요.

I will buy a long ★ .

DAY 12

very
매우

small
작은

Ⓐ 단어를 듣고, 따라 써 보세요. 🎧

very   very

Ⓑ 단어를 완성해 보세요.

e   y

Ⓒ 단어 very를 찾아 동그라미 해 보세요.

very   way   very
live   very
very   live
best
very   very   well

Ⓐ 단어를 듣고, 따라 써 보세요. 🎧

small   small

Ⓑ 단어를 완성해 보세요.

ma

Ⓒ 같은 것을 찾아 연결해 보세요.

small •   • mall

small •   • small

small •   • smal

small •   • small

pick
고르다, 집다

from
~에서

A 단어를 듣고, 따라 써 보세요. 🎧

pick pick

B 단어를 완성해 보세요.

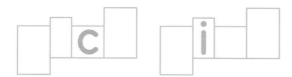

C 단어 pick이 3번 나오는 줄을 찾아 보세요.

pick	around	pick
live	pick	very
pick	pretty	long

A 단어를 듣고, 따라 써 보세요. 🎧

from from

B 단어를 완성해 보세요.

C 단어 from을 찾아 색칠해 보세요.

old	from	from	long	form
well	long	from	old	from
pick	from	went	for	from

D very, small, pick, from 단어를 따라가면서 원숭이가 바나나를 얻도록 길을 그려 보세요.

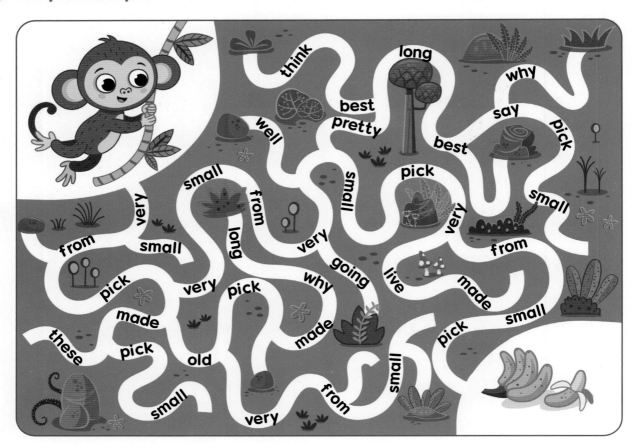

E 철자를 순서대로 배열하고, 알맞은 뜻과 연결해 보세요.

1. e v y r _____ • • ~에서

2. l m l s a _____ • • 매우

3. p k i c _____ • • 작은

4. f m r o _____ • • 고르다, 집다

Point ➡ **Read** ➡ **Trace & Stick**

1

very   small

The shell
The shell was
The shell was very
The shell was very small.

그 조개는 매우 작았어요.

The ⭐ was very small.

2

pick   from

Pick
Pick the grapes
Pick the grapes from
Pick the grapes from the basket.

바구니에서 포도를 고르렴.

Pick the ⭐ from the basket.

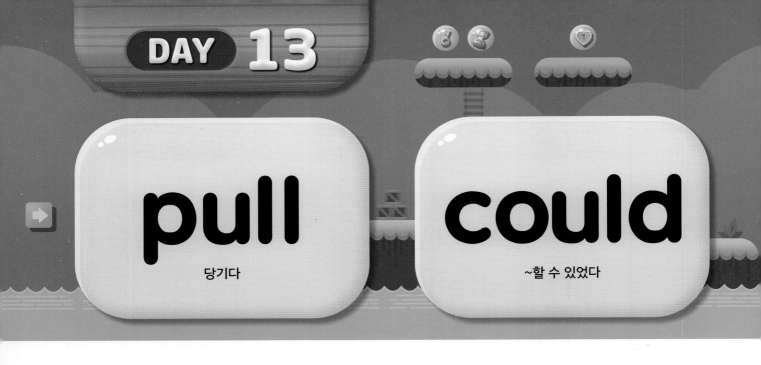

DAY 13

pull
당기다

could
~할 수 있었다

A 단어를 듣고, 따라 써 보세요. 🎧

pull pull

A 단어를 듣고, 따라 써 보세요. 🎧

could could

B 단어를 완성해 보세요.

B 단어를 완성해 보세요.

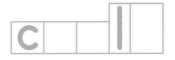

C 단어 pull을 찾아 동그라미 해 보세요.

pull   well   pull
pull   pick
pretty   pull
well   pretty   pull

C 같은 것을 찾아 연결해 보세요.

could •   • cold

could •   • could

could •   • would

could •   • could

every
모든, ~마다

time
시간, 때

Ⓐ 단어를 듣고, 따라 써 보세요. 🎧

every every

Ⓑ 단어를 완성해 보세요.

| | v | | r | |

Ⓒ 단어 every가 3번 나오는 줄을 찾아 보세요.

every	every	very
every	well	even
every	very	every

Ⓐ 단어를 듣고, 따라 써 보세요. 🎧

time time

Ⓑ 단어를 완성해 보세요.

t □ □   □ m □

Ⓒ 단어 time을 찾아 색칠해 보세요.

thank time think two time

these time those time these

time these take those time

D 각 그림에서 **pull, could, every, time** 단어를 찾아 동그라미 해 보세요.

🔍 두 그림의 다른 부분 7군데를 찾아 보세요.

E 철자를 순서대로 배열하고, 알맞은 뜻과 연결해 보세요.

1. l p l u

     •   • 당기다

2. u l c o d

     •   • 시간, 때

3. e e r y v

     •   • ~할 수 있었다

4. t m e i

     •   • 모든, ~마다

Point ➡ **Read** ➡ **Trace & Stick**

1

could   pull

She
She could not
She could not pull
She could not pull the truck.

그녀는 트럭을 **당길 수** 없었어요.

She could not pull the ⭐ .

2

every   time

Every
Every time
Every time **I sing,**
Every time **I sing, I'm happy.**

내가 노래할 **때마다**, 나는 행복해요.

Every time I ⭐ , I'm happy.

DAY 14

soon 곧

again 다시

Ⓐ 단어를 듣고, 따라 써 보세요. 🎧

soon soon

Ⓑ 단어를 완성해 보세요.

| s | | | | | o | | |

Ⓒ 단어 soon을 찾아 동그라미 해 보세요.

soon   say   soon
sun   son
soon
soon
son   pull   sell

Ⓐ 단어를 듣고, 따라 써 보세요. 🎧

again again

Ⓑ 단어를 완성해 보세요.

Ⓒ 같은 것을 찾아 연결해 보세요.

again •   • gain

again •   • again

again •   • again

again •   • agan

because
~ 때문에

brown
갈색(의)

A 단어를 듣고, 따라 써 보세요. 🎧

because

B 단어를 완성해 보세요.

	ca		e

C 단어 because가 3번 나오는 줄을 찾아 보세요.

because	become	best
become	because	because
cause	thank	because

A 단어를 듣고, 따라 써 보세요. 🎧

brown brown

B 단어를 완성해 보세요.

	r	w	

C 단어 brown을 찾아 색칠해 보세요.

best	brown	best	buy	brown
buy	best	buy	brown	bow
buy	brown	brow	brown	best

D 사다리를 타며 선을 긋고, 같은 단어를 써 보세요.

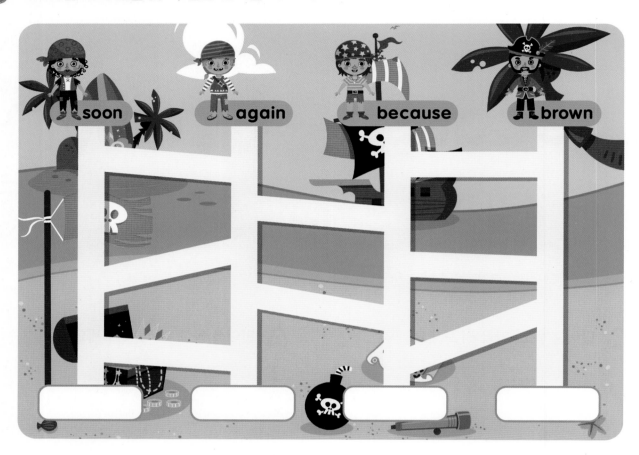

soon   again   because   brown

E 철자를 순서대로 배열하고, 알맞은 뜻과 연결해 보세요.

1. n o o s

_____ •   • ~ 때문에

2. n g a a i

_____ •   • 갈색(의)

3. c e b a e s u

_____ •   • 다시

4. n r w o b

_____ •   • 곧

손가락을 대고 큰 소리로 읽어 보세요. 문장을 따라 쓰고, 스티커를 붙여서 완성해 보세요.

1

again   soon

We
We will sing
We will sing again
We will sing again soon.

우리는 곧 다시 노래할 거예요.

We will ★ again soon.

2

because   brown

I like
I like this bench
I like this bench because
I like this bench because it is brown.

갈색이기 때문에 나는 이 벤치가 좋아요.

I like this ★ because it is brown.

Sight Words

A 알맞은 철자를 넣어 단어를 완성하세요.

1. 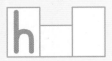 가지고 있었다

2. 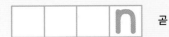 n 곧

3.  u 사다

4.  y 모든, ~마다

5.  c ~할 수 있었다

6.  g 다시

7. r 매우

8. 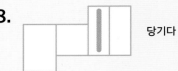 l 당기다

B 보기를 보고 단어를 찾아 보세요.

보기
two
from
pick
time
small
brown
every
because

b	y	s	s	t	i	m	e	b
e	t	m	p	w	s	a	p	r
c	g	a	i	o	g	n	l	o
a	l	l	c	y	s	a	r	w
u	a	l	k	y	a	n	t	n
s	f	r	o	m	y	h	e	c
e	e	v	e	r	y	a	w	i

Sentences

C 문장을 듣고, 알맞은 단어를 넣어 문장을 완성하세요. 🎧

1. _____ the grapes _____ the basket.
   고르다, 집다   ~에서

2. He once _____ _____ snakes.
   가지고 있었다   2, 둘(의)

3. She _____ not _____ the truck.
   ~할 수 있었다   당기다

4. We will sing _____ _____ .
   다시   곧

D 문장을 읽고, 알맞은 사진과 연결하세요.

1. • She will buy two rings.

2. • The shells were very small.

3. • He once had a long bench.

4. • Every time they sing, they are happy.

Story

E 보기 단어들을 찾아 동그라미 해 보세요.

보기

| had | two | time | small | pull | every | pick |

1 Elephant once **had** a short nose and **small** ears. He also **had two** bad habits.

2 **Every time** he **pick**ed his nose, it grew.

66

F 단어를 듣고, 큰 소리로 따라 말해 보세요. 🎧

short 짧은　　　**nose** 코　　　**ear** 귀　　　**habit** 습관　　　**grew** 자라났다

G 스토리를 듣고, 세 번 읽어 보세요. 🎧

3 **Every time** he **pull**ed his ears, they grew.

4 But he **could** not stop.
Now he has a **long** nose and big ears.

DAY 16

of
~의, ~ 중

them
그들을, 그것들을

A 단어를 듣고, 따라 써 보세요. 🎧

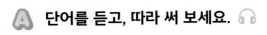

of of

A 단어를 듣고, 따라 써 보세요. 🎧

them them

B 단어를 완성해 보세요.

o ☐   ☐ f

B 단어를 완성해 보세요.

☐ e ☐   ☐ t ☐ ☐

C 단어 of를 찾아 동그라미 해 보세요.

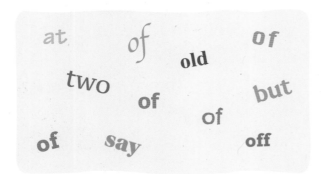

at of of
old
two of but
of
of say off

C 같은 것을 찾아 연결해 보세요.

them •   • them

them •   • them

them •   • then

them •   • theme

only
오직, 단지

him
그를

A 단어를 듣고, 따라 써 보세요. 🎧

A 단어를 듣고, 따라 써 보세요. 🎧

him him

B 단어를 완성해 보세요.

B 단어를 완성해 보세요.

C 단어 only가 3번 나오는 줄을 찾아 보세요.

only	on	only
old	only	long
only	only	lonely

C 단어 him을 찾아 색칠해 보세요.

hit	well	had	him	his
pick	him	him	had	her
him	had	them	pick	him

D of, them, only, him 단어를 따라가면서 토끼가 당근을 얻도록 길을 그려 보세요.

E 철자를 순서대로 배열하고, 알맞은 뜻과 연결해 보세요.

1. f o   •   • 그들을, 그것들을

2. e m t h   •   • 오직, 단지

3. l n o y   •   • ~의, ~ 중

4. i m h   •   • 그를

손가락을 대고 큰 소리로 읽어 보세요. 문장을 따라 쓰고, 스티커를 붙여 완성해 보세요.

Point ➡ Read ➡ Trace & Stick

1

of   them

One
One of them
One of them is
One of them is good.

그것들 중 하나는 좋아요.

One of them is  .

2

only   him

I
I only want
I only want to meet
I only want to meet him.

나는 단지 그를 만나고 싶어요.

I only want to meet  .

DAY 17

fly
날다

four
4, 넷(의)

A 단어를 듣고, 따라 써 보세요. 🎧

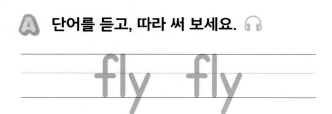

fly fly

B 단어를 완성해 보세요.

f□ □y

C 단어 **fly**를 찾아 동그라미 해 보세요.

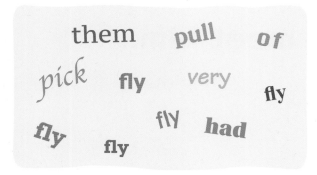

them   pull   of
pick   fly   very
fly
fly   fly   had
fly   fly

A 단어를 듣고, 따라 써 보세요. 🎧

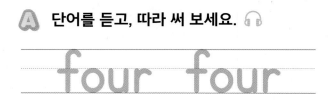

four four

B 단어를 완성해 보세요.

□o□ □□r

C 같은 것을 찾아 연결해 보세요.

four •　　　　• tour

four •　　　　• four

four •　　　　• four

four •　　　　• our

found

찾았다

up

위로

Ⓐ 단어를 듣고, 따라 써 보세요. 🎧

found found

Ⓑ 단어를 완성해 보세요.

Ⓒ 단어 found가 3번 나오는 줄을 찾아 보세요.

found	find	funny
found	found	find
found	fond	funny

Ⓐ 단어를 듣고, 따라 써 보세요. 🎧

up up

Ⓑ 단어를 완성해 보세요.

Ⓒ 단어 up을 찾아 색칠해 보세요.

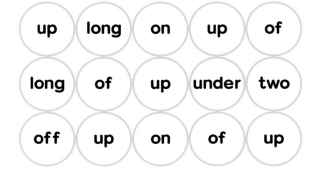

up	long	on	up	of
long	of	up	under	two
off	up	on	of	up

D fly, four, found, up 단어를 찾아 각각 몇 개인지 세어 보세요.

fly _____   four _____   found _____   up _____

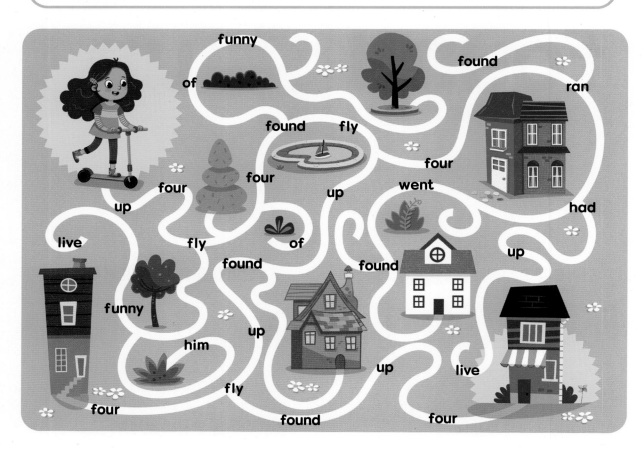

E 철자를 순서대로 배열하고, 알맞은 뜻과 연결해 보세요.

1. f y l

_____
_____

• 4, 넷(의)

2. o r f u

_____
_____

• 날다

3. p u

_____
_____

• 찾았다

4. n u o f d

_____
_____

• 위로

손가락을 대고 큰 소리로 읽어 보세요. 문장을 따라 쓰고, 스티커를 붙여 완성해 보세요.

Point ➡ Read ➡ Trace & Stick

1

found   four

He
He found
He found four
He found four **boys.**

그는 소년 4명을 찾았어요.

He found four ★ .

2

fly   up

The birds
The birds fly
The birds fly up
The birds fly up in the sky.

그 새들은 하늘 **위로 날아요.**

The ★ fly up in the sky.

DAY 18

as
~만큼

cold
차가운

Ⓐ 단어를 듣고, 따라 써 보세요. 🎧

as   as

Ⓐ 단어를 듣고, 따라 써 보세요. 🎧

cold   cold

Ⓑ 단어를 완성해 보세요.

| | s | | a | |

Ⓑ 단어를 완성해 보세요.

| | o | | | c | | |

Ⓒ 단어 as를 찾아 동그라미 해 보세요.

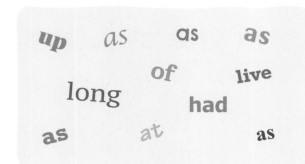

up   as   as   as
     of   live
long   had
as   at   as

Ⓒ 같은 것을 찾아 연결해 보세요.

cold •   • cold

cold •   • cold

cold •   • sold

cold •   • told

many
많은

saw
보았다

Ⓐ 단어를 듣고, 따라 써 보세요. 🎧

Ⓐ 단어를 듣고, 따라 써 보세요. 🎧

Ⓑ 단어를 완성해 보세요.

	a					n	

Ⓑ 단어를 완성해 보세요.

		w		s		

Ⓒ 단어 many가 3번 나오는 줄을 찾아 보세요.

may	make	man
many	many	many
man	made	may

Ⓒ 단어 saw를 찾아 색칠해 보세요.

saw	say	up	say	up
of	may	say	may	saw
see	sew	saw	saw	saw

D 각 그림에서 as, cold, many, saw 단어를 찾아 동그라미 해 보세요.

🔍 두 그림의 다른 부분 7군데를 찾아 보세요.

E 철자를 순서대로 배열하고, 알맞은 뜻과 연결해 보세요.

1. s a _____ • • 많은

2. l o c d _____ • • 차가운

3. a n m y _____ • • 보았다

4. a w s _____ • • ~만큼

78

손가락을 대고 큰 소리로 읽어 보세요. 문장을 따라 쓰고, 스티커를 붙여 완성해 보세요.

1

as   cold

This is
This is as
This is as cold as
This is as cold as **snow.**

이것은 눈만큼 차가워요.

This is as ⭐ as snow.

2

saw   many

I
I saw
I saw many **horses**
I saw many **horses at the farm.**

나는 농장에서 **많은** 말들을 봤어요.

I saw many ⭐ at the farm.

DAY 19

tell
말하다

done
다 끝난, 다 된

Ⓐ 단어를 듣고, 따라 써 보세요. 🎧

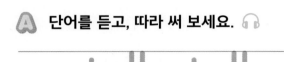

tell tell

Ⓑ 단어를 완성해 보세요.

☐ e ☐ ☐   ☐ ☐ l l

Ⓒ 단어 tell을 찾아 동그라미 해 보세요.

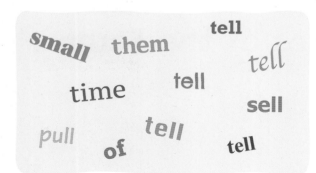

small   them   tell
time   tell   tell
pull   of   tell   sell   tell

Ⓐ 단어를 듣고, 따라 써 보세요. 🎧

done done

Ⓑ 단어를 완성해 보세요.

d ☐ ☐ ☐   ☐ ☐ n ☐

Ⓒ 같은 것을 찾아 연결해 보세요.

done •   • do

done •   • done

done •   • tone

done •   • done

were
~이었다, 있었다

by
~ 옆에

Ⓐ 단어를 듣고, 따라 써 보세요. 🎧

were   were

Ⓑ 단어를 완성해 보세요.

		r		e		

Ⓒ 단어 were가 3번 나오는 줄을 찾아 보세요.

we	were	were
well	were	were
was	would	were

Ⓐ 단어를 듣고, 따라 써 보세요. 🎧

by by

Ⓑ 단어를 완성해 보세요.

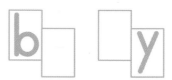

Ⓒ 단어 by를 찾아 색칠해 보세요.

of	had	buy	by	by
but	by	way	buy	but
had	buy	by	say	by

선을 따라 가서, 단어를 다시 써 보세요.

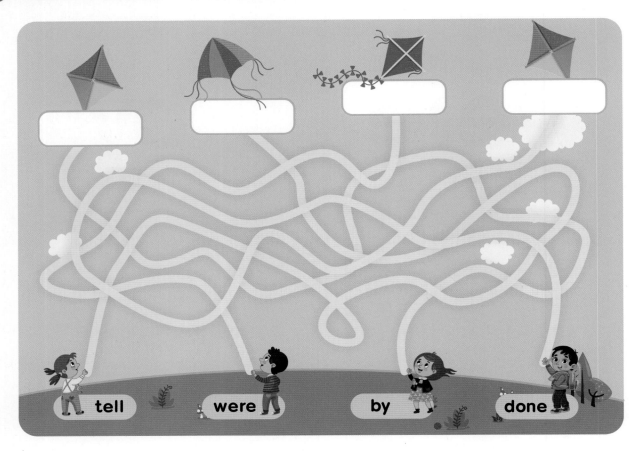

 **tell** **were** **by** **done**

E 철자를 순서대로 배열하고, 알맞은 뜻과 연결해 보세요.

1.  **e l t l** .... • • ~ 옆에

2. **y b** .... • • 말하다

3. **e e w r** .... • • 다 끝난, 다 된

4.  **o d e n** .... • • ~이었다, 있었다

손가락을 대고 큰 소리로 읽어 보세요. 문장을 따라 쓰고, 스티커를 붙여 완성해 보세요.

Point ➡ **Read** ➡ **Trace & Stick**

1

tell   done

Tell
Tell **me**
Tell **me when you**
Tell **me when you are** done.

다 되면 내게 말해 주세요.

Tell me when ★ are done.

2

were   by

There **were**
There **were toys**
There **were toys by**
There **were toys by** the window.

창문 옆에 장난감들이 있었어요.

There were ★ by the window.

Sight Words

A 알맞은 철자를 넣어 단어를 완성하세요.

1.    오직, 단지

2.    그들을, 그것들을

3.    찾았다

4.    날다

5.   차가운

6.   ~ 옆에

7. 보았다

8. 많은

B 보기를 보고 단어를 찾아 보세요.

보기
as
of
were
him
up
four
done
tell

o	y	s	s	t	d	o	n	e
z	t	d	o	e	s	a	t	p
m	g	s	f	o	u	r	e	l
a	s	w	a	y	s	a	l	r
d	a	d	a	y	u	n	l	t
e	f	h	i	m	p	h	e	c
z	e	m	r	k	w	e	r	e

Sentences

C 문장을 듣고, 알맞은 단어를 넣어 문장을 완성하세요. 🎧

1. One ＿＿＿＿＿ ＿＿＿＿＿ is good.
   ~의, ~ 중　　　그들을, 그것들을

2. He ＿＿＿＿＿ ＿＿＿＿＿ boys.
   찾았다　　　4, 넷(의)

3. This is ＿＿＿＿＿ ＿＿＿＿＿ ＿＿＿＿＿ snow.
   ~만큼　　　차가운　　　~만큼

4. ＿＿＿＿＿ me when you are ＿＿＿＿＿ .
   말하다　　　　　　다 끝난, 다 된

D 문장을 읽고, 알맞은 사진과 연결하세요.

1.　• 　　• I only want to tell you.

2. 　• 　　• He found four birds by the window.

3.　• 　　• Two of them fly up in the sky.

4. 　• 　　• There were many horses at the farm.

Story

E 보기 단어들을 찾아 동그라미 해 보세요.

as　　by　　saw　　only　　fly　　done　　found

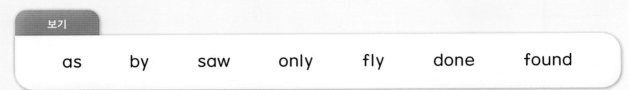

1 I always wanted to meet a superhero.
One day, I **found** one **of them**.

2 I was **by** the window.
I **saw him fly** across the sky.

meet 만나다　**superhero** 초인　**fast** 빠르게　**homework** 숙제　**dream** 꿈

G 스토리를 듣고, 세 번 읽어 보세요. 🎧

3 He flew into my room **as** fast **as** lightning.
He did my homework!
It was **done** in a flash.

4 Don't **tell** me it was **only** a dream!

Oh no!

DAY 21

just
방금, 막

start
시작하다

Ⓐ 단어를 듣고, 따라 써 보세요. 🎧

just just

Ⓑ 단어를 완성해 보세요.

	u	

		t

Ⓒ 단어 just를 찾아 동그라미 해 보세요.

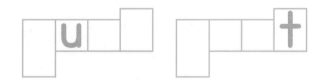

four   just   just   time

just   only   most

pick   just   just   must

Ⓐ 단어를 듣고, 따라 써 보세요. 🎧

start start

Ⓑ 단어를 완성해 보세요.

s			t

Ⓒ 같은 것을 찾아 연결해 보세요.

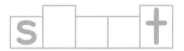

start •   • tart

start •   • star

start •   • start

start •   • start

88

today
오늘

cut
자르다, 베었다

Ⓐ 단어를 듣고, 따라 써 보세요.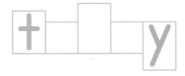

today today

Ⓑ 단어를 완성해 보세요.

t ☐ ☐ y

Ⓒ 단어 today가 3번 나오는 줄을 찾아 보세요.

found	four	day
four	today	found
today	today	today

Ⓐ 단어를 듣고, 따라 써 보세요.

cut cut

Ⓑ 단어를 완성해 보세요.

☐ u ☐   c ☐ ☐

Ⓒ 단어 cut을 찾아 색칠해 보세요.

could	cut	but	done	cut
cut	put	cut	cut	cold
but	cut	cold	could	cut

just, **start**, **today**, **cut** 단어를 따라가면서 소녀가 집에 가도록 길을 그려 보세요.

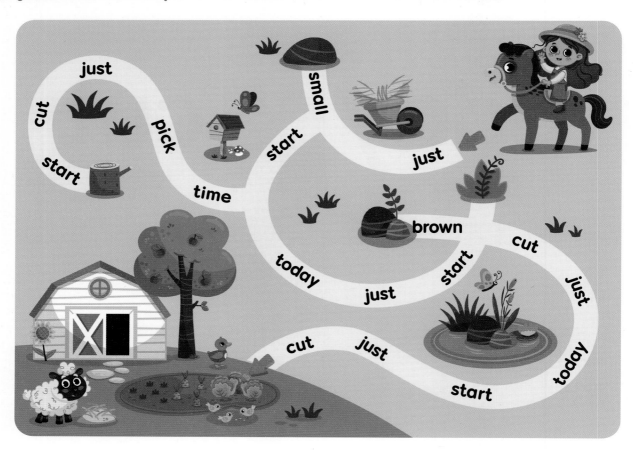

E 철자를 순서대로 배열하고, 알맞은 뜻과 연결해 보세요.

1. u j t s _____ •   • 자르다, 베었다

2. t s a t r _____ •   • 오늘

3. o d y t a _____ •   • 방금, 막

4. c t u _____ •   • 시작하다

90

손가락을 대고 큰 소리로 읽어 보세요. 문장을 따라 쓰고, 스티커를 붙여서 완성해 보세요.

Point ➡ Read ➡ Trace & Stick

1

just start

We
We just
We just start**ed**
We just start**ed playing.**

우리는 **방금** 놀기 **시작했어요.**

We just started ⭐ .

2

cut today

He
He cut
He cut **his hand**
He cut **his hand** today.

그는 오늘 손을 베었어요.

He cut his ⭐ today.

DAY 22

hot
뜨거운

much
많이

Ⓐ 단어를 듣고, 따라 써 보세요. 🎧

hot hot

Ⓑ 단어를 완성해 보세요.

h☐ ☐o☐

Ⓒ 단어 **hot**을 찾아 동그라미 해 보세요.

hot   him   pot   hot

them   hot   up

dot   hot   hat   hot

Ⓐ 단어를 듣고, 따라 써 보세요. 🎧

much much

Ⓑ 단어를 완성해 보세요.

m☐☐ ☐u☐

Ⓒ 같은 것을 찾아 연결해 보세요.

much •   • much

much •   • much

much •   • muh

much •   • munch

never
절대

hurt
아프다, 다치다

A 단어를 듣고, 따라 써 보세요. 🎧

never　never

A 단어를 듣고, 따라 써 보세요. 🎧

hurt　hurt

B 단어를 완성해 보세요.

	e		r

B 단어를 완성해 보세요.

h ＿ ＿ ＿ ＿ t

C 단어 **never**가 3번 나오는 줄을 찾아 보세요.

never	ever	never
only	never	soon
never	were	ever

C 단어 **hurt**를 찾아 색칠해 보세요.

him	cut	him	hurt	hot
hut	of	hurt	hot	day
just	hurt	cold	hurt	him

D hot, much, never, hurt 단어를 찾아 각각 몇 개인지 세어 보세요.

> hot _____   much _____   never _____   hurt _____

E 철자를 순서대로 배열하고, 알맞은 뜻과 연결해 보세요.

1. h t o   _____   • 절대

2. u m h c   _____   • 뜨거운

3. n v e e r   _____   • 아프다, 다치다

4. u h t r   _____   • 많이

Point ➡ **Read** ➡ **Trace & Stick**

1

hurt   much

My arms
My arms hurt
My arms hurt so
My arms hurt so much.

나의 팔이 아주 **많이 아파요.**

My [★] hurt so much.

2

never   hot

Never
Never play
Never play with
Never play with a hot spoon.

절대 뜨거운 숟가락을 가지고 놀지 마세요.

Never play with a hot [★].

DAY 23

any
조금

more
더 많은

A 단어를 듣고, 따라 써 보세요. 🎧

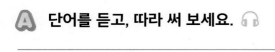

any any

B 단어를 완성해 보세요.

a [ ] [ ] [ ] y

C 단어 **any**를 찾아 동그라미 해 보세요.

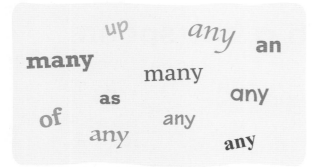

up any an
many
many
as any
of any any
any

A 단어를 듣고, 따라 써 보세요. 🎧

more more

B 단어를 완성해 보세요.

[ ] o [ ] [ ] m [ ] [ ]

C 같은 것을 찾아 연결해 보세요.

more •　　　　　• most

more •　　　　　• mole

more •　　　　　• more

more •　　　　　• more

96

would
~할 것이다

or
또는, 아니면

Ⓐ 단어를 듣고, 따라 써 보세요. 🎧

would   would

Ⓑ 단어를 완성해 보세요.

Ⓒ 단어 would가 3번 나오는 줄을 찾아 보세요.

well	could	well
would	would	would
could	would	will

Ⓐ 단어를 듣고, 따라 써 보세요. 🎧

or   or

Ⓑ 단어를 완성해 보세요.

Ⓒ 단어 or를 찾아 색칠해 보세요.

on	or	in	on	or
or	up	or	and	any
as	or	are	or	ot

D 각 그림에서 **any, more, would, or** 단어를 찾아 동그라미 해 보세요.

🔍 두 그림의 다른 부분 7군데를 찾아 보세요.

E 철자를 순서대로 배열하고, 알맞은 뜻과 연결해 보세요.

1. **y n a** _____ • • 조금

2. **r e o m** _____ • • ~할 것이다

3. **l w o u d** _____ • • 더 많은

4. **r o** _____ • • 또는, 아니면

손가락을 대고 큰 소리로 읽어 보세요. 문장을 따라 쓰고, 스티커를 붙여서 완성해 보세요.

Point ➡ Read ➡ Trace & Stick

1

any   more

Is
Is there
Is there any more
Is there any more pie?

파이가 **조금 더** 있나요?

Is there any more  ?

2

would   or

He
He would
He would boil corn or
He would boil corn or ham.

그는 옥수수나 햄을 삶을 거예요.

He would  corn or ham.

DAY 24

own
자신의

write
쓰다

Ⓐ 단어를 듣고, 따라 써 보세요. 🎧

own own

Ⓑ 단어를 완성해 보세요.

| o | | | | | n |

Ⓒ 단어 own을 찾아 동그라미 해 보세요.

own only on cut

own own own

one four owe saw

Ⓐ 단어를 듣고, 따라 써 보세요. 🎧

write write

Ⓑ 단어를 완성해 보세요.

| | r | | e | | | i | t |

Ⓒ 같은 것을 찾아 연결해 보세요.

write •   • write

write •   • wrist

write •   • write

write •   • wrote

round
둥근

give
주다

A 단어를 듣고, 따라 써 보세요. 🎧

round   round

B 단어를 완성해 보세요.

☐ o ☐ d

C 단어 round가 3번 나오는 줄을 찾아 보세요.

found	round	around
found	round	under
round	round	under

A 단어를 듣고, 따라 써 보세요. 🎧

give   give

B 단어를 완성해 보세요.

☐ v ☐   ☐ ☐ e

C 단어 give를 찾아 색칠해 보세요.

long	from	hive	give	time
give	more	give	cut	give
give	five	give	long	gave

D 사다리를 타며 선을 긋고, 단어를 다시 써 보세요.

own write round give

E 철자를 순서대로 배열하고, 알맞은 뜻과 연결해 보세요.

1. o n w _____ • • 쓰다

2. r w t e i _____ • • 둥근

3. r n o u d _____ • • 주다

4. g v e i _____ • • 자신의

손가락을 대고 큰 소리로 읽어 보세요. 문장을 따라 쓰고, 스티커를 붙여서 완성해 보세요.

Point ➡ Read ➡ Trace & Stick

1

write   own

He
He can write
He can write his own
He can write his own name.

그는 **자신의** 이름을 **쓸** 수 있어요.

He can ⭐ his own name.

2

give   round

I
I give
I give my dog
I give my dog a round ball.

나는 나의 개에게 **둥근** 공을 **쥐요**.

I give my dog a round ⭐.

🔍 Sight Words

A 알맞은 철자를 넣어 단어를 완성하세요.

1. u __ 자르다, 베었다
2.  t 시작하다
3. h __ __ 아프다, 다치다
4. __ d 오늘
5. __ i __ 쓰다
6. v 절대
7. o __ 또는, 아니면
8. n 둥근

B 보기를 보고 단어를 찾아 보세요.

보기
hot
just
own
give
much
any
more
would

o	y	s	s	t	a	k	w	e
z	t	d	o	w	n	a	o	p
m	o	r	e	n	g	n	u	l
a	l	w	a	h	i	y	l	r
d	a	d	a	o	v	n	d	t
e	j	u	s	t	e	h	e	c
z	e	m	u	c	h	a	i	w

📝 Sentences

C 문장을 듣고, 알맞은 단어를 넣어 문장을 완성하세요. 🎧

1. We _____ _____ playing.
   방금, 막   시작했다

2. He can _____ his _____ name.
   쓰다   자신의

3. He _____ boil corn _____ ham.
   ~할 것이다   또는, 아니면

4. _____ play with a _____ spoon.
   절대   뜨거운

D 문장을 읽고, 알맞은 사진과 연결하세요.

1. •   • His arm hurts so much.

2. •   • I would buy more pie.

3. •   • My dog gives me his hand.

4. •   • She just started writing her own name.

🇪 보기 단어들을 찾아 동그라미 해 보세요.

보기

| any | cut | more | much | hurt | write | start |

① Dean **cut** his fingers **today**.
They **hurt** so **much**.

② Don't move your fingers.

He could not hold **or** **write** anything.

F 단어를 듣고, 큰 소리로 따라 말해 보세요. 🎧

finger 손가락　　　**move** 움직이다　　　**hold** 잡다　　　**get** ~해지다　　　**bored** 지루한

G 스토리를 듣고, 세 번 읽어 보세요. 🎧

He **start**ed getting bored.
But he **would** not **hurt**
any more fingers.

I am a good boy.
I will not move my fingers.

DAY 26

try
시도하다, ~해 보다

call
전화하다

Ⓐ 단어를 듣고, 따라 써 보세요. 🎧

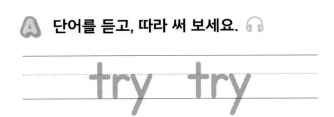

Ⓑ 단어를 완성해 보세요.

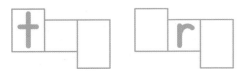

Ⓒ 단어 **try**를 찾아 동그라미 해 보세요.

Ⓐ 단어를 듣고, 따라 써 보세요. 🎧

Ⓑ 단어를 완성해 보세요.

Ⓒ 같은 것을 찾아 연결해 보세요.

call •　　　• call

call •　　　• call

call •　　　• mall

call •　　　• tall

before
~ 전에

work
일하다

A 단어를 듣고, 따라 써 보세요. 🎧

before before

B 단어를 완성해 보세요.

b □ □ re

C 단어 **before**가 3번 나오는 줄을 찾아 보세요.

before	buy	because
before	before	just
four	before	before

A 단어를 듣고, 따라 써 보세요. 🎧

work work

B 단어를 완성해 보세요.

w □ □   □ □ k

C 단어 **work**를 찾아 색칠해 보세요.

walk	walk	work	were	work
work	went	work	walk	went
work	walk	walk	work	were

D try, call, before, work 단어를 따라가면서 우주비행사가 우주선에 타도록 길을 그려보세요.

E 철자를 순서대로 배열하고, 알맞은 뜻과 연결해 보세요.

1. **r y t** _____ • • 일하다

2. **l l c a** _____ • • 전화하다

3. **e f r e b o** _____ • • ~ 전에

4. **w r k o** _____ • • 시도하다, ~해 보다

1
try　call

Try
Try **to**
Try **to** call **me**
Try **to** call **me again!**

제게 다시 **전화해 보세요!**

Try to 　★　 me again!

2
work　before

We
We work
We work before
We work before **we play.**

우리는 놀기 **전에 일을 해요.**

We work before we 　★　 .

DAY 27

keep
유지하다

warm
따뜻한

Ⓐ 단어를 듣고, 따라 써 보세요. 🎧

keep keep

Ⓑ 단어를 완성해 보세요.

| | e | | | | | | | p |

Ⓒ 단어 keep을 찾아 동그라미 해 보세요.

today keep keep
call keep keep
cut
try keep keen key

Ⓐ 단어를 듣고, 따라 써 보세요. 🎧

warm warm

Ⓑ 단어를 완성해 보세요.

| w | | | | | | | m |

Ⓒ 같은 것을 찾아 연결해 보세요.

warm •   • worm

warm •   • war

warm •   • warm

warm •   • warm

wash

씻다

us

우리를

Ⓐ 단어를 듣고, 따라 써 보세요. 🎧

wash wash

Ⓐ 단어를 듣고, 따라 써 보세요. 🎧

us us

Ⓑ 단어를 완성해 보세요.

 h w

Ⓑ 단어를 완성해 보세요.

u   s

Ⓒ 단어 wash가 3번 나오는 줄을 찾아 보세요.

wash	warm	went
wash	ash	wash
wash	wash	want

Ⓒ 단어 us를 찾아 색칠해 보세요.

as	us	as	on	up
of	as	us	is	us
as	us	of	as	us

D keep, warm, wash, us 단어를 찾아 각각 몇 개인지 세어 보세요.

keep _____   warm _____   wash _____   us _____

E 철자를 순서대로 배열하고, 알맞은 뜻과 연결해 보세요.

1. **s** **u** _____   •   • 유지하다

2. **w** **r** **a** **m** _____   •   • 따뜻한

3. **s** **h** **w** **a** _____   •   • 우리를

4. **e** **p** **e** **k** _____   •   • 씻다

손가락을 대고 큰 소리로 읽어 보세요. 문장을 따라 쓰고, 스티커를 붙여 완성해 보세요.

1

keep   warm

I
I will keep
I will keep it
I will keep it warm.

나는 그것을 **따뜻하게 유지할** 거예요.

I will keep it ⭐ .

2

wash   us

They
They will wash
They will wash it
They will wash it for us.

그들은 **우리를** 위해 그것을 **씻을** 거예요.

They will ⭐ it for us.

DAY 28

gave
주었다

carry
들고 다니다, 운반하다

Ⓐ 단어를 듣고, 따라 써 보세요. 🎧

gave gave

Ⓑ 단어를 완성해 보세요.

| a | | | | | v | |

Ⓒ 단어 gave를 찾아 동그라미 해 보세요.

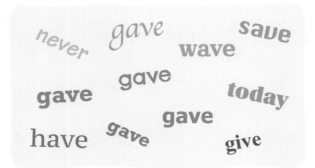

never gave save
wave
gave
gave today
have gave give

Ⓐ 단어를 듣고, 따라 써 보세요. 🎧

carry carry

Ⓑ 단어를 완성해 보세요.

| c | | | r | |

Ⓒ 같은 것을 찾아 연결해 보세요.

carry •　　　　• cary

carry •　　　　• carry

carry •　　　　• care

carry •　　　　• carry

116

light

가벼운

both

둘 다

Ⓐ 단어를 듣고, 따라 써 보세요. 🎧

light light

Ⓐ 단어를 듣고, 따라 써 보세요. 🎧

both both

Ⓑ 단어를 완성해 보세요.

| l | g | t | | l | i | h |

Ⓑ 단어를 완성해 보세요.

| | t | | | o | |

Ⓒ 단어 light이 3번 나오는 줄을 찾아 보세요.

right	light	more
round	light	light
light	light	right

Ⓒ 단어 both를 찾아 색칠해 보세요.

by	live	by	both	buy
buy	both	both	buy	both
both	by	give	buy	moth

D 각 그림에서 gave, carry, light, both 단어를 찾아 동그라미 해 보세요.

🔍 두 그림의 다른 부분 7군데를 찾아 보세요.

E 철자를 순서대로 배열하고, 알맞은 뜻과 연결해 보세요.

1. a v g e _____ • • 둘 다

2. a r y r c _____ • • 주었다

3. g i h t l _____ • • 가벼운

4. o h t b _____ • • 들고 다니다, 운반하다

Point → **Read** → **Trace & Stick**

1

light   carry

This camera
This camera is
This camera is light
This camera is light to carry.

이 카메라는 들고 다니기에 가벼워요.

This ⭐ is light to carry.

2

gave   both

He gave
He gave the letter
He gave the letter to
He gave the letter to both of us.

그는 우리 둘 다에게 편지를 주었어요.

He gave the ⭐ to both of us.

DAY 29

fall
떨어지다

off
~에서 떨어진

A 단어를 듣고, 따라 써 보세요. 🎧

fall fall

A 단어를 듣고, 따라 써 보세요. 🎧

off off

B 단어를 완성해 보세요.

| | a | l l |
| | | |

B 단어를 완성해 보세요.

| o | | |
| | f | |

C 단어 **fall**을 찾아 동그라미 해 보세요.

fall   fall   call
warm
wash
any   fall   fall
four   well   fell

C 같은 것을 찾아 연결해 보세요.

off •   • of

off •   • us

off •   • off

off •   • off

120

bring
가져오다

full
가득 찬

Ⓐ 단어를 듣고, 따라 써 보세요. 🎧

bring bring

Ⓑ 단어를 완성해 보세요.

☐☐ in ☐

Ⓒ 단어 **bring**이 3번 나오는 줄을 찾아 보세요.

ring	bring	before
bring	bring	brown
before	bring	light

Ⓐ 단어를 듣고, 따라 써 보세요. 🎧

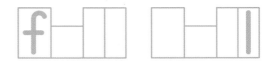

full full

Ⓑ 단어를 완성해 보세요.

f☐☐ ☐☐l

Ⓒ 단어 **full**을 찾아 색칠해 보세요.

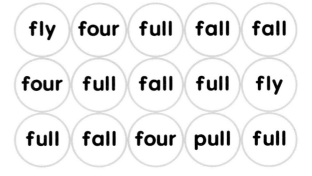

fly	four	full	fall	fall
four	full	fall	full	fly
full	fall	four	pull	full

D 선을 따라 가서, 단어를 다시 써 보세요.

fall off bring full

E 철자를 순서대로 배열하고, 알맞은 뜻과 연결해 보세요.

1. f f o .... • • 떨어지다

2. a l l f .... • • 가득 찬

3. g i b r n .... • • 가져오다

4. u l l f .... • • ~에서 떨어진

손가락을 대고 큰 소리로 읽어 보세요. 문장을 따라 쓰고, 스티커를 붙여 완성해 보세요.

1

fall off

I
I don't want
I don't want to fall
I don't want to fall off.

나는 **떨어지고** 싶지 않아요.

I don't want to ★ off.

2

bring full

Bring
Bring a glass
Bring a glass full of
Bring a glass full of water.

물 한 잔 **가득** 가져와 주세요.

Bring a glass full of ★ .

Sight Words

A 알맞은 철자를 넣어 단어를 완성하세요.

1. 　일하다

2. 　전화하다

3. 　따뜻한

4. 　씻다

5. 　가벼운

6. 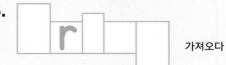　가져오다

7. 　유지하다

8. 　~ 전에

B 보기를 보고 단어를 찾아 보세요.

보기
us
try
fall
gave
full
both
off
carry

o	a	t	t	h	u	s	e	e
z	f	r	h	c	i	u	b	p
m	g	y	f	a	l	l	o	l
a	a	w	u	r	s	e	t	r
d	v	y	l	r	l	p	h	t
a	e	t	l	y	y	h	e	c
z	e	m	r	o	f	f	i	w

Sentences

C 문장을 듣고, 알맞은 단어를 넣어 문장을 완성하세요. 🎧

1.
I don't want to _____ _____ .
떨어지다   ~에서 떨어진

2.
They will _____ it for _____ .
씻다   우리를

3.
This camera is _____ to _____ .
가벼운   가지고 다니다, 운반하다

4.
He _____ the letter to _____ of us.
주었다   둘 다

D 문장을 읽고, 알맞은 사진과 연결하세요.

1.
   •

   • She will call me again.

2.
   •

   • I try to keep them warm.

3.
   •

   • They will work before they play.

4.
   •

   • He gave a glass full of juice to both of them.

E 알맞은 철자를 넣어 단어를 완성하세요.

보기

| us | try | carry | both | full | keep | before |

1 Our parents are going on vacation. They **try** to pack their bag.

2 This is too **full**. It will not be **light** to **carry**.

단어를 듣고, 큰 소리로 따라 말해 보세요. 🎧

vacation 휴가　　　**pack** 싸다, 꾸리다　　　**push** 밀다　　　**close** 닫다　　　**leave** 떠나다

G 스토리를 듣고, 세 번 읽어 보세요. 🎧

Try to push me.
I can't **keep** it closed.
We need to close it
before we leave.

Please take **both**
of **us** with you!

전권 커리큘럼

Book 1	Sight Words				Sentence Patterns	
Day 01	I	am	see	a	I am a vet.	I see a man.
Day 02	it	is	can	an	Is it a cup?	I can see an ant.
Day 03	what	the	in	my	It is in my bag.	What is in the box?
Day 04	you	are	has	no	You are my mom.	He has no jam.
Day 05	Review					
Day 06	at	look	jump	on	Look at the pig.	I jump on the bed.
Day 07	to	like	with	me	I like to hop.	Can you run with me?
Day 08	go	let's	that	who	Let's go to the hill.	Who is that man?
Day 09	we	play	come	and	We can play tag.	Come and nap with me.
Day 10	Review					
Day 11	our	here	where	your	Here are our caps.	Where is your van?
Day 12	so	she	little	get	She is so sad.	Can I get a little pot?
Day 13	he	have	some	too	I have some ham.	He likes the nuts too.
Day 14	find	there	please	over	Please find my socks.	My bus is over there.
Day 15	Review					
Day 16	will	make	want	blue	He will make a nest.	I want a blue bin.
Day 17	for	this	don't	they	This gift is for you.	They don't like this bug.
Day 18	do	ride	also	red	I also ride a car.	Do you want a red mug?
Day 19	ate	five	one	big	I ate five buns.	He has one big map.
Day 20	Review					
Day 21	her	help	stop	said	Don't help her.	"Stop!" she said.
Day 22	his	new	did	ask	I like his new bike.	Did you ask your mom?
Day 23	not	open	black	into	Do not open the gate.	We go into the black cave.
Day 24	out	came	yellow	was	The dog came out.	The hive was yellow.
Day 25	Review					
Day 26	eat	must	good	all	You must eat it.	We are all good at diving.
Day 27	put	first	know	how	First, put this box here.	Do you know how to bake?
Day 28	use	goes	three	its	Use three cubes.	My dog goes to its house.
Day 29	now	then	right	once	Then bite it once.	You can hide right now.
Day 30	Review					

Book 2	Sight Words				Sentence Patterns	
Day 01	made	funny	sing	but	He made a funny clown.	I sing, but I don't like it.
Day 02	does	take	together	when	Does she take a trip?	When can we swim together?
Day 03	ran	away	always	run	The mouse ran away.	I always run to the slide.
Day 04	why	say	think	best	Why did you say that?	I think it is the best drum.
Day 05	Review					
Day 06	walk	going	thank	pretty	He is going for a walk.	Thank you for the pretty dress.
Day 07	may	about	these	old	They may be old.	What are these books about?
Day 08	went	around	those	well	We went around the slide.	Those boys are playing well.
Day 09	sleep	after	live	under	You can sleep after class.	No one lives under the tree.
Day 10	Review					
Day 11	had	two	long	buy	He once had two snakes.	I will buy a long bench.
Day 12	very	small	pick	from	The shell was very small.	Pick the grapes from the basket.
Day 13	pull	could	every	time	She could not pull the truck.	Every time I sing, I'm happy.
Day 14	soon	again	because	brown	We will sing again soon.	I like this bench because it is brown.
Day 15	Review					
Day 16	of	them	only	him	One of them is good.	I only want to meet him.
Day 17	fly	four	found	up	He found four boys.	The birds fly up in the sky.
Day 18	as	cold	many	saw	This is as cold as snow.	I saw many horses at the farm.
Day 19	tell	done	were	by	Tell me when you are done.	There were toys by the window.
Day 20	Review					
Day 21	just	start	today	cut	We just started playing.	He cut his hand today.
Day 22	hurt	much	never	hot	My arms hurt so much.	Never play with a hot spoon.
Day 23	any	more	would	or	Is there any more pie?	He would boil corn or ham.
Day 24	own	write	round	give	He can write his own name.	I give my dog a round ball.
Day 25	Review					
Day 26	try	call	before	work	Try to call me again!	We work before we play.
Day 27	keep	warm	wash	us	I will keep it warm.	They will wash it for us.
Day 28	gave	carry	light	both	This camera is light to carry.	He gave the letter to both of us.
Day 29	fall	off	bring	full	I don't want to fall off.	Bring a glass full of water.
Day 30	Review					

지은이

NE능률 영어교육연구소

NE능률 영어교육연구소는 혁신적이며 효율적인 영어 교재를 개발하고
영어 학습의 질을 한 단계 높이고자 노력하는 NE능률의 연구조직입니다.

초등영어 사이트 워드가 된다 2

펴 낸 이	주민홍
펴 낸 곳	서울특별시 마포구 월드컵북로 396(상암동) 누리꿈스퀘어 비즈니스타워 10층
	㈜ NE능률 (우편번호 03925)
펴 낸 날	2023년 1월 1일 초판 제1쇄 발행
전 화	02 2014 7114
팩 스	02 3142 0356
홈 페 이 지	www.neungyule.com
등 록 번 호	제1-68호
I S B N	979-11-253-4087-4
정 가	14,000원

NE 능률

고객센터

교재 내용 문의 : contact.nebooks.co.kr (별도의 가입 절차 없이 작성 가능)
제품 구매, 교환, 불량, 반품 문의 : 02-2014-7114
☎ 전화문의는 본사 업무시간 중에만 가능합니다.

made	funny
sing	but
does	take
together	when
ran	away

재미있는	만들었다
02	01
하지만	노래하다
04	03
가다, 하다	〈묻는 문장을 만듦〉, 하다
06	05
언제, ~할 때	함께
08	07
다른 데로	달렸다, 도망쳤다
10	09

always	run
why	say
think	best
walk	going
thank	pretty

달리다	항상
12	11
말하다	왜
14	13
최고의	생각하다
16	15
가고 있는	걷기, 걷다
18	17
예쁜	감사하다
20	19

may	about
these	old
went	around
those	well
sleep	after

～에 관한	～일지도 모른다
22	21
나이가 든, 낡은	이(것들)
24	23
～ 주위에	갔다
26	25
잘	저(것들)
28	27
～ 후에	자다
30	29

live	under
had	two
long	buy
very	small
pick	from

~ 아래에	살다
32	31
2, 둘(의)	가지고 있었다
34	33
사다	긴
36	35
작은	매우
38	37
~에서	고르다, 집다
40	39

pull	could
every	time
soon	again
because	brown
of	them

~할 수 있었다	당기다
42	41
시간, 때	모든, ~마다
44	43
다시	곧
46	45
갈색(의)	~ 때문에
48	47
그들을, 그것들을	~의, ~ 중
50	49

only	him
fly	four
found	up
as	cold
many	saw

그를	오직, 단지
52	51
4, 넷(의)	날다
54	53
위로	찾았다
56	55
차가운	~만큼
58	57
보았다	많은
60	59

tell	done
were	by
just	start
today	cut
hot	much

다 끝난, 다 된	말하다
62	61
~ 옆에	~이었다, 있었다
64	63
시작하다	방금, 막
66	65
자르다, 베었다	오늘
68	67
많이	뜨거운
70	69

never	hurt
any	more
would	or
own	write
round	give

아프다, 다치다	절대
72	71
더 많은	조금
74	73
또는, 아니면	~할 것이다
76	75
쓰다	자신의
78	77
주다	둥근
80	79

try	call
before	work
keep	warm
wash	us
gave	carry

전화하다	시도하다, ~해 보다
82	81
일하다	~ 전에
84	83
따뜻한	유지하다
86	85
우리를	씻다
88	87
들고 다니다, 운반하다	주었다
90	89

light	both
fall	off
bring	full

둘 다	가벼운
92	91
~에서 떨어진	떨어지다
94	93
가득 찬	가져오다
96	95

Memo

Memo

DAY 01   game   face   drive   swim

DAY 02   walk   nap   skate   hike

DAY 03   crab   swan   truck   lake

DAY 04   stop   snap   flag   sled

DAY 06   run   swim   plate   ring

DAY 07   hot   good   stories   movies

DAY 08   lake   grass   swimming   skipping

DAY 09   skate   swim   sea   house

DAY 11   dishes   phones   whisk   ship

DAY 12   chick   skunk   plate   ring

DAY 13   sled   desk   play   swim

DAY 14   come   play   ship   swing

DAY 16 round   gray   you   them

DAY 17 stars   boats   bees   owls

DAY 18 pretty   white   cows   sheep

DAY 19 they   we   pies   letters

DAY 21 reading   shouting   arm   foot

DAY 22 legs   lips   grill   pie

DAY 23 glue   milk   chop   grill

DAY 24 make   trace   toy   bone

DAY 26 stop   find   eat   sleep

DAY 27 hot   clean   read   drink

DAY 28 mug   cage   coin   corn

DAY 29 jump   get   juice   milk

NE 능률

홈스쿨링 으로 빈틈없이 채우는 초등 공부 실력

세토 시리즈

누적 판매
60만부
돌파!

대상: 유아~초6

통합 학습역량 강화 프로그램

기초 학습서 초등 기초 학습능력과 배경지식 UP!

독서논술

급수 한자

쓰기

역사탐험

교과 학습서 초등 교과 사고력과 문제해결력 UP!

초등 독해력

초등 어휘

초등 한국사

초등영어

사이트 워드가 된다 ②

정답

초등영어
사이트 워드가 된다 ②

정답

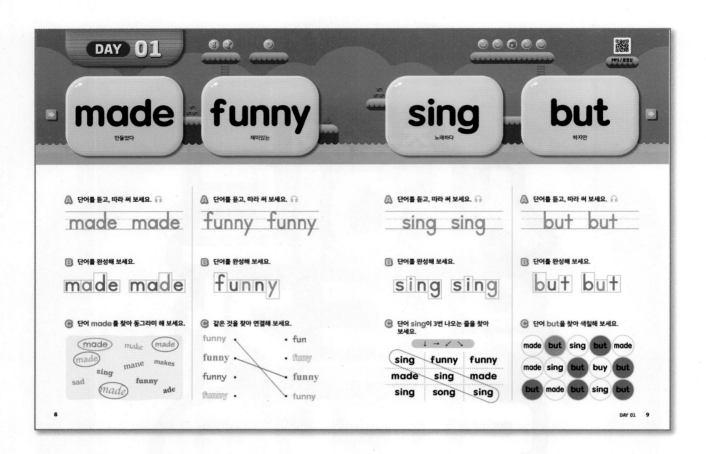

made funny sing but

만들었다　재미있는　노래하다　하지만

Ⓐ 단어를 듣고, 따라 써 보세요.

made made

Ⓑ 단어를 완성해 보세요.

made made

Ⓒ 단어 made를 찾아 동그라미 해 보세요.

made　make　made
made
sing　mane　makes
sad　made　funny
ade

Ⓐ 단어를 듣고, 따라 써 보세요.

funny funny

Ⓑ 단어를 완성해 보세요.

funny

Ⓒ 같은 것을 찾아 연결해 보세요.

funny　·　· fun
funny　·　· funny
funny　·　· funny
funny　·　· funny

Ⓐ 단어를 듣고, 따라 써 보세요.

sing sing

Ⓑ 단어를 완성해 보세요.

sing sing

Ⓒ 단어 sing이 3번 나오는 줄을 찾아 보세요.

↓ → ↗ ↘

sing　funny　funny
made　sing　made
sing　song　sing

Ⓐ 단어를 듣고, 따라 써 보세요.

but but

Ⓑ 단어를 완성해 보세요.

but but

Ⓒ 단어 but을 찾아 색칠해 보세요.

made　but　sing　but　made
made　sing　but　buy　but
but　made　but　sing　but

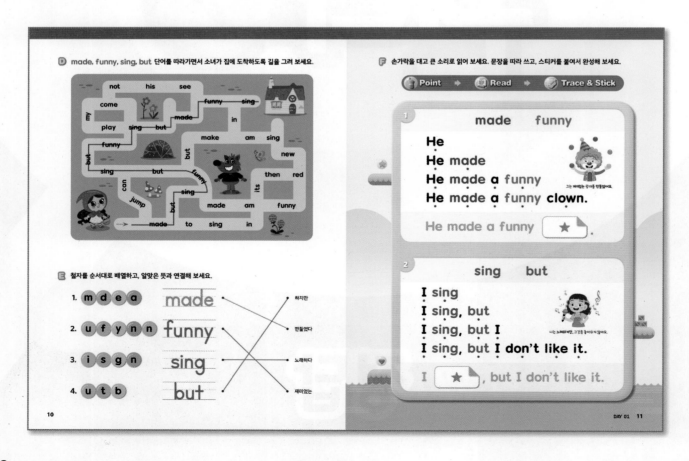

Ⓓ made, funny, sing, but 단어를 따라가면서 소녀가 집에 도착하도록 길을 그려 보세요.

not　his　see
come
my　play　sing　but　made　funny　sing
funny　in
but　make　am　sing
sing　but　new
but　then　red
can　funny
jump　but　sing
made　am　funny
made　to　sing　in

Ⓔ 철자를 순서대로 배열하고, 알맞은 뜻과 연결해 보세요.

1. m d e a　made　· 하지만
2. u f y n n　funny　· 만들었다
3. i s g n　sing　· 노래하다
4. u t b　but　· 재미있는

Ⓕ 손가락을 대고 큰 소리로 읽어 보세요. 문장을 따라 쓰고, 스티커를 붙여서 완성해 보세요.

Point ➡ Read ➡ Trace & Stick

1

made　funny

He
He made
He made a funny
He made a funny clown.

그는 재미있는 광대를 만들었어요.

He made a funny ★ .

2

sing　but

I sing
I sing, but
I sing, but I
I sing, but I don't like it.

나는 노래하지만, 그것을 좋아하지 않아요.

I ★ , but I don't like it.

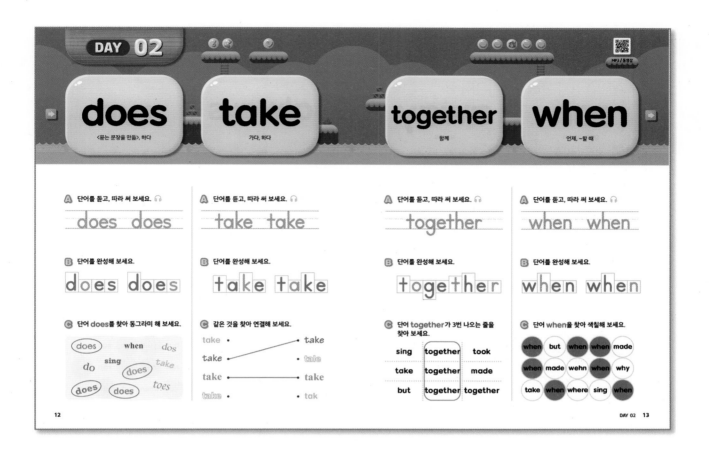

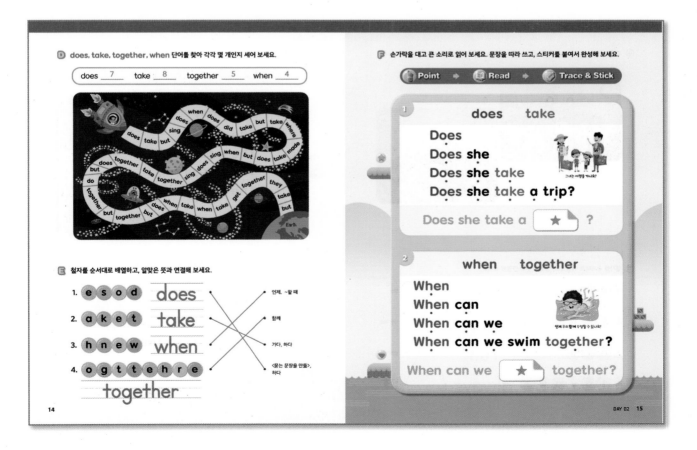

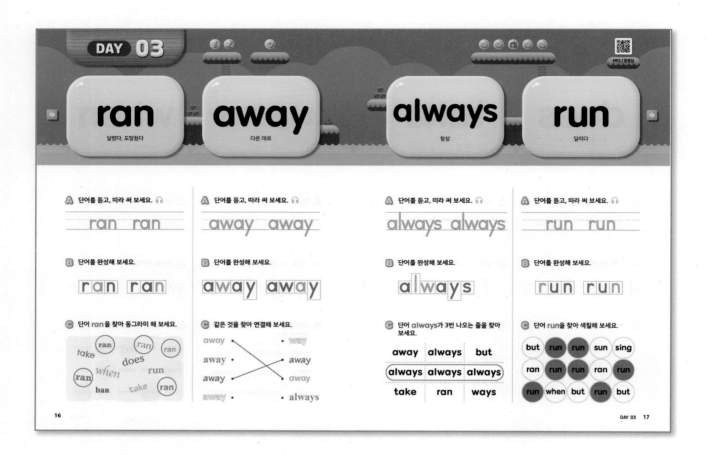

DAY 03

ran 달렸다, 도망쳤다

away 다른 데로

always 항상

run 달리다

A 단어를 듣고, 따라 써 보세요. 🎧

ran ran

B 단어를 완성해 보세요.

ran ran

C 단어 ran을 찾아 동그라미 해 보세요.

ran   ran   ran
take   does
when   run
ran   ban   take   ran

A 단어를 듣고, 따라 써 보세요. 🎧

away away

B 단어를 완성해 보세요.

away away

C 같은 것을 찾아 연결해 보세요.

away • • way
away • • away
away • • away
away • • always

A 단어를 듣고, 따라 써 보세요. 🎧

always always

B 단어를 완성해 보세요.

always

C 단어 always가 3번 나오는 줄을 찾아 보세요.

away	always	but
always	always	always
take	ran	ways

A 단어를 듣고, 따라 써 보세요. 🎧

run run

B 단어를 완성해 보세요.

run run

C 단어 run을 찾아 색칠해 보세요.

but	run	run	sun	sing
ran	run	run	ran	run
run	when	but	run	but

16

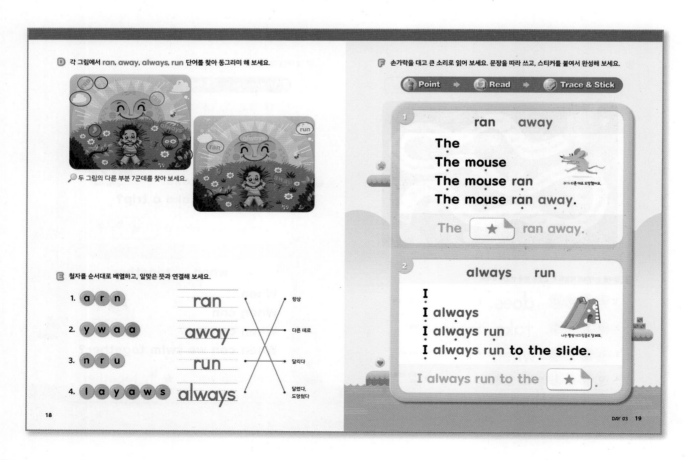

D 각 그림에서 ran, away, always, run 단어를 찾아 동그라미 해 보세요.

🔍 두 그림의 다른 부분 7군데를 찾아 보세요.

E 철자를 순서대로 배열하고, 알맞은 뜻과 연결해 보세요.

1. a r n   ran   • 항상
2. y w a a   away   • 다른 데로
3. n r u   run   • 달리다
4. l a y a w s   always   • 달렸다, 도망쳤다

F 손가락을 대고 큰 소리로 읽어 보세요. 문장을 따라 쓰고, 스티커를 붙여서 완성해 보세요.

Point ➡ Read ➡ Trace & Stick

1
ran   away

The
The mouse
The mouse ran
The mouse ran away.

The ★ ran away.

2
always   run

I
I always
I always run
I always run to the slide.

I always run to the ★ .

18

4

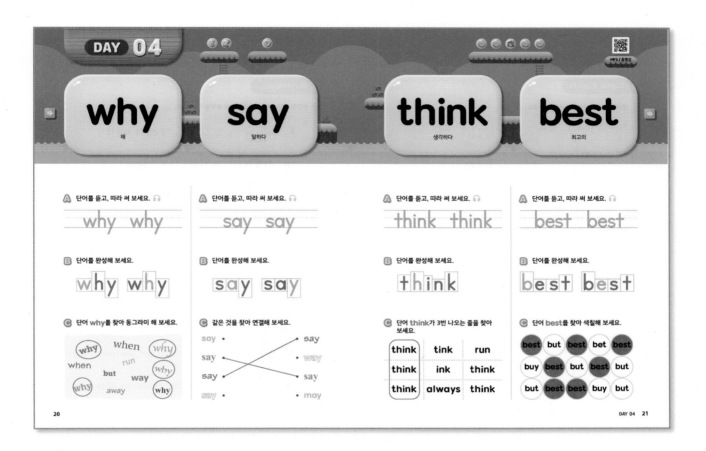

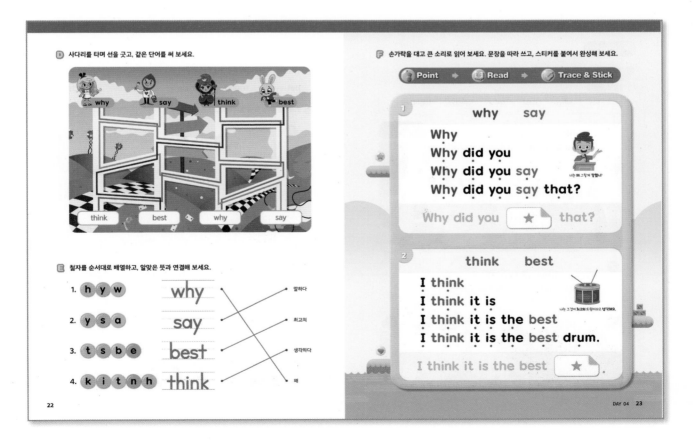

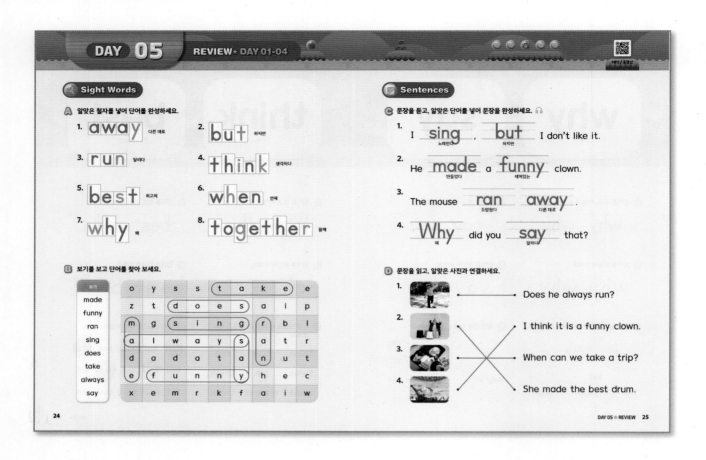

Sight Words

A 알맞은 철자를 넣어 단어를 완성하세요.

1. away 다른 데로
2. but 하지만
3. run 달리다
4. think 생각하다
5. best 최고의
6. when 언제
7. why 왜
8. together 함께

B 보기를 보고 단어를 찾아 보세요.

보기
made
funny
ran
sing
does
take
always
say

o	y	s	s	t	a	k	e	e
z	t	d	o	e	s	a	i	p
m	g	s	i	n	g	r	b	l
a	l	w	a	y	s	a	t	r
d	a	d	a	t	a	n	u	t
e	f	u	n	n	y	h	e	c
x	e	m	r	k	f	a	i	w

Sentences

C 문장을 듣고, 알맞은 단어를 넣어 문장을 완성하세요.

1. I sing 노래한다 , but 하지만 I don't like it.
2. He made 만들었다 a funny 재미있는 clown.
3. The mouse ran 도망쳤다 away 다른 데로 .
4. Why 왜 did you say 말하다 that?

D 문장을 읽고, 알맞은 사진과 연결하세요.

1. Does he always run?
2. I think it is a funny clown.
3. When can we take a trip?
4. She made the best drum.

Story

E 보기 단어들을 찾아 동그라미 해 보세요.

보기
say when best think always together

1. I think Brady is the best pet. People say we are best friends.

2. We are always together. When I hide, he always finds me.

F 단어를 듣고, 큰 소리로 따라 말해 보세요.

pet 반려동물   friend 친구   hide 숨다   throw 던지다   catch 잡다

G 스토리를 듣고, 세 번 읽어 보세요.

3. When I throw a ball, he always catches it.

4. But when I take a bath, he always runs away!

Story

① I **think** Brady is the **best** pet.
People **say** we are **best** friends.

내가 생각하기에 브래디는 최고의 반려동물이에요.

사람들은 우리가 최고의 친구라고 말해요.

② We are **always together**.
When I hide, he **always** finds me.

우리는 항상 함께 있어요.

내가 숨을 때, 그는 항상 나를 찾아요.

③ **When** I throw a ball, he **always** catches it.

내가 공을 던질 때, 그는 항상 그것을 잡아요.

④ But when I **take** a bath,
he **always** runs **away**!

하지만 내가 목욕을 할 때, 그는 항상 다른 데로 도망쳐요!

walk going thank pretty

walk 걷기, 걷다
going 가고 있는
thank 감사하다
pretty 예쁜

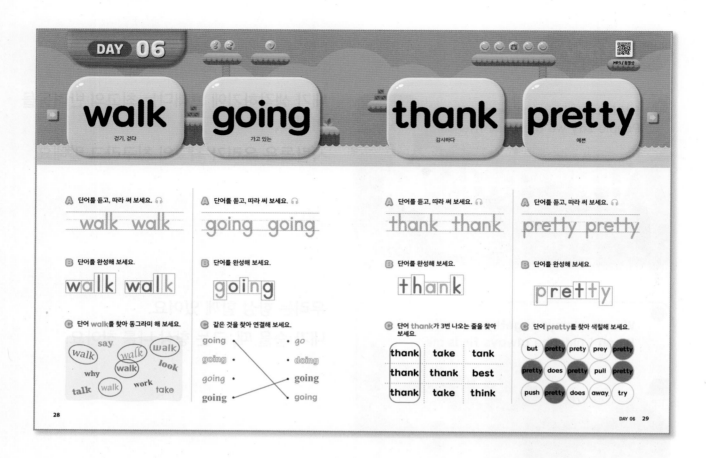

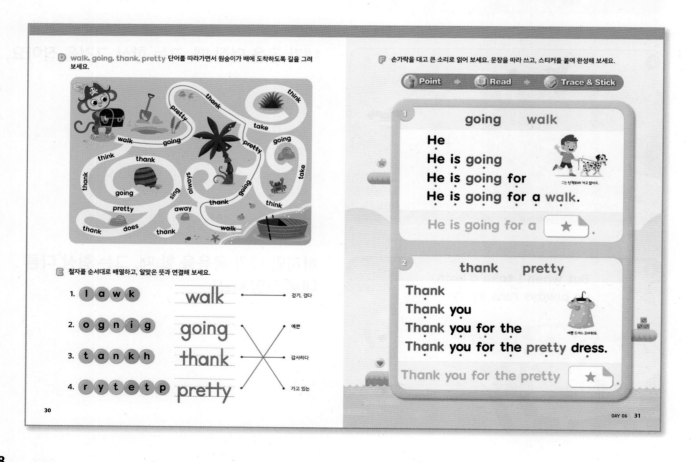

8

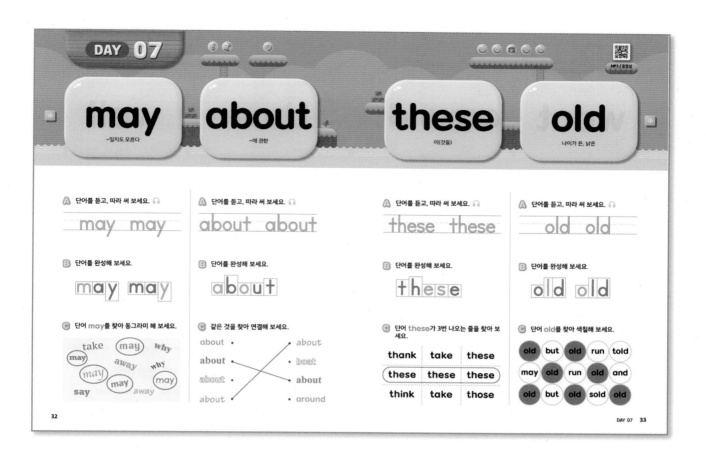

may
~일지도 모른다

about
~에 관한

these
이(것들)

old
나이가 든, 낡은

Ⓐ 단어를 듣고, 따라 써 보세요.
may may

Ⓑ 단어를 완성해 보세요.
may may

Ⓒ 단어 may를 찾아 동그라미 해 보세요.

take	may	why
may	away	why
may	may	may
say	away	

Ⓐ 단어를 듣고, 따라 써 보세요.
about about

Ⓑ 단어를 완성해 보세요.
about

Ⓒ 같은 것을 찾아 연결해 보세요.

about • • about
about • • boat
about • • about
about • • around

Ⓐ 단어를 듣고, 따라 써 보세요.
these these

Ⓑ 단어를 완성해 보세요.
these

Ⓒ 단어 these가 3번 나오는 줄을 찾아 보세요.

thank	take	these
these	these	these
think	take	those

Ⓐ 단어를 듣고, 따라 써 보세요.
old old

Ⓑ 단어를 완성해 보세요.
old old

Ⓒ 단어 old를 찾아 색칠해 보세요.

old	but	old	run	told
may	old	run	old	and
old	but	old	sold	old

32

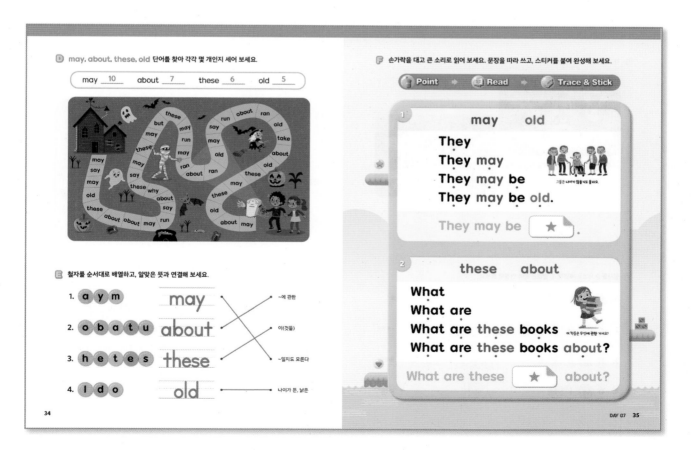

Ⓓ may, about, these, old 단어를 찾아 각각 몇 개인지 세어 보세요.

may __10__ about __7__ these __6__ old __5__

Ⓔ 철자를 순서대로 배열하고, 알맞은 뜻과 연결해 보세요.

1. a y m — may — ~에 관한
2. o b a t u — about — 이(것들)
3. h e t e s — these — ~일지도 모른다
4. l d o — old — 나이가 든, 낡은

Ⓕ 손가락을 대고 큰 소리로 읽어 보세요. 문장을 따라 쓰고, 스티커를 붙여 완성해 보세요.

Point → Read → Trace & Stick

1
may   old

They
They may
They may be
They may be old.

그들은 나이가 많을지도 몰라요.

They may be ★ .

2
these   about

What
What are
What are these books
What are these books about?

이 책들은 무엇에 관한 거예요?

What are these ★ about?

34

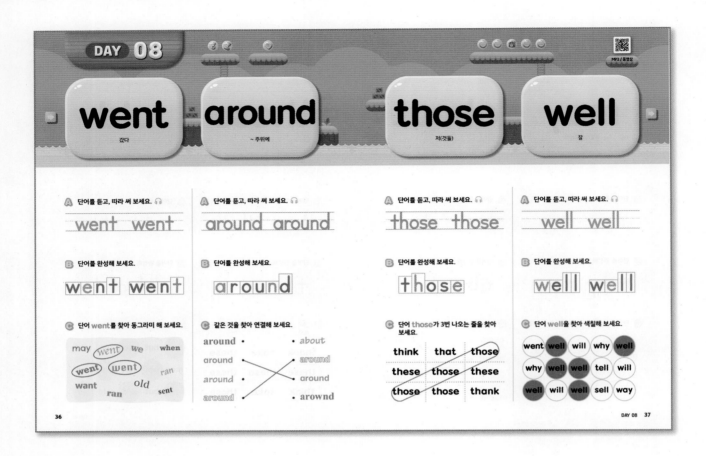

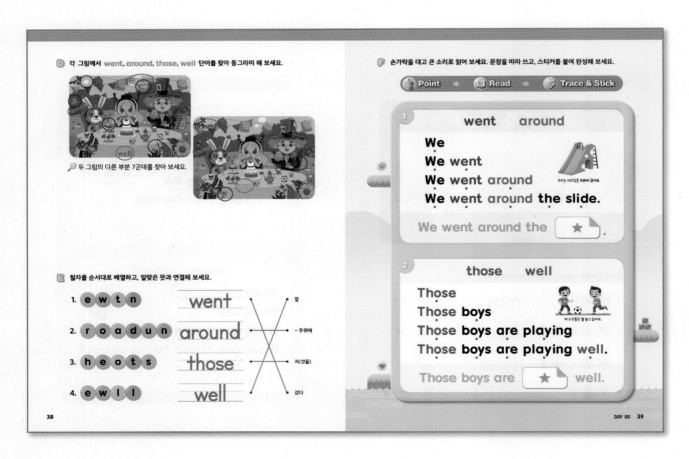

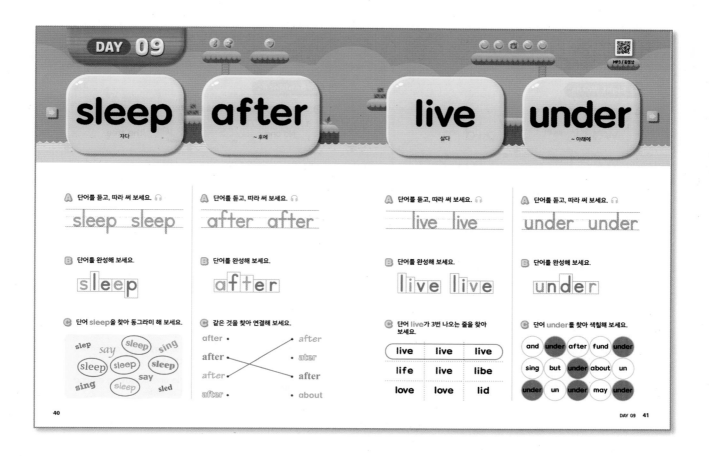

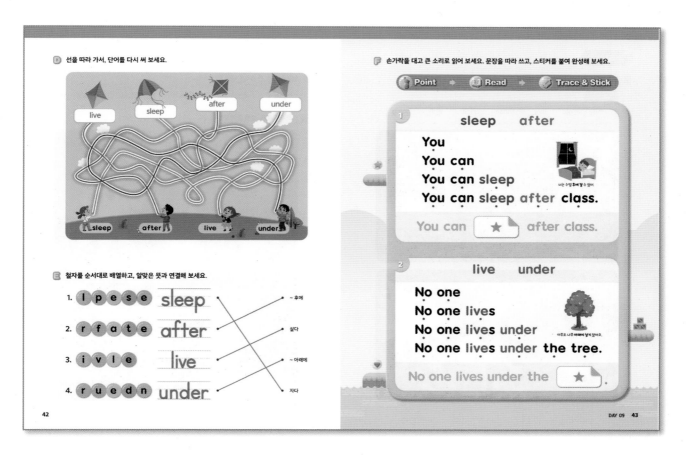

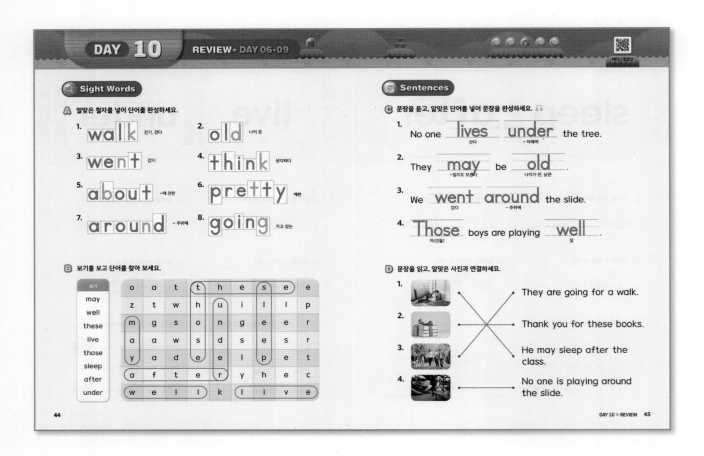

Sight Words

A 알맞은 철자를 넣어 단어를 완성하세요.

1. **walk** 걷기, 걷다
2. **old** 나이 든
3. **went** 갔다
4. **think** 생각하다
5. **about** ~에 관한
6. **pretty** 예쁜
7. **around** ~주위에
8. **going** 가고 있는

B 보기를 보고 단어를 찾아 보세요.

보기
may
well
these
live
those
sleep
after
under

o	a	t	t	h	e	s	e	e
z	t	w	h	u	i	l	l	p
m	g	s	o	n	g	e	e	r
a	a	w	s	d	s	e	s	r
y	a	d	e	e	l	p	e	t
a	f	t	e	r	y	h	e	c
w	e	l	l	k	l	i	v	e

Sentences

C 문장을 듣고, 알맞은 단어를 넣어 문장을 완성하세요.

1. No one **lives** **under** the tree.
   산다 ~아래에
2. They **may** be **old** .
   ~일지도 모른다 나이가 든, 낡은
3. We **went** **around** the slide.
   갔다 ~주위에
4. **Those** boys are playing **well** .
   저(것들) 잘

D 문장을 읽고, 알맞은 사진과 연결하세요.

1. They are going for a walk.
2. Thank you for these books.
3. He may sleep after the class.
4. No one is playing around the slide.

44   DAY 10 ✷ REVIEW   45

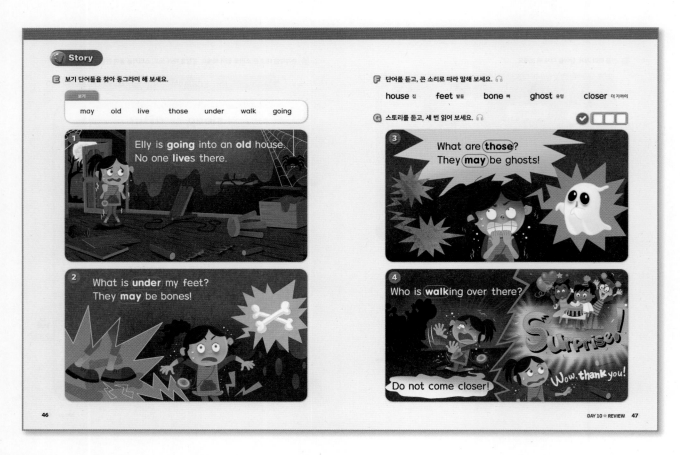

Story

E 보기 단어들을 찾아 동그라미 해 보세요.

보기
may   old   live   those   under   walk   going

1. Elly is **going** into an **old** house. No one **live**s there.

2. What is **under** my feet? They **may** be bones!

F 단어를 듣고, 큰 소리로 따라 말해 보세요.

house 집   feet 발들   bone 뼈   ghost 유령   closer 더 가까이

G 스토리를 듣고, 세 번 읽어 보세요.

3. What are **those**? They **may** be ghosts!

4. Who is **walk**ing over there?
   Surprise!
   Wow, thank you!
   Do not come closer!

46   DAY 10 ✷ REVIEW   47

12

Elly is **going** into an **old** house.
No one **live**s there.

엘리가 낡은 집안으로 들어가고 있어요.
거기에는 아무도 살지 않아요.

What is **under** my feet?
They **may** be bones!

내 발 밑에 뭐지?
뼈일지도 몰라!

What are **those**?
They **may** be ghosts!

저것들은 뭐지?
유령일지도 몰라!

Who is **walk**ing over there?

Do not come closer!

Surprise!

Wow, thank you!

누가 저기 걸어오고 있지?
더 가까이 오지 마!
아, 고마워!

had
가지고 있었다

two
2, 둘(의)

long
긴

buy
사다

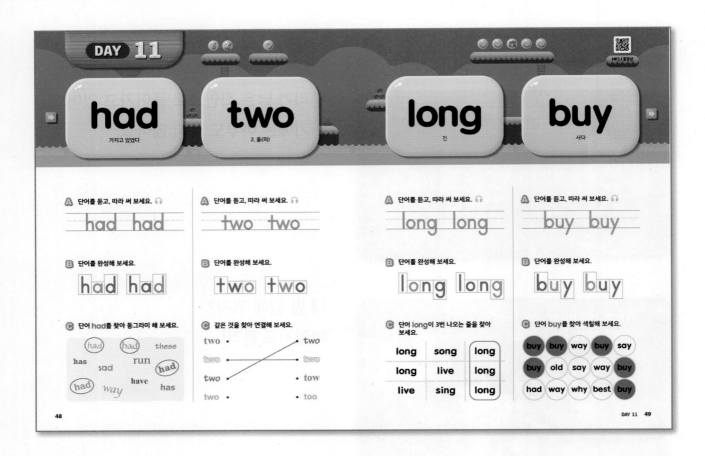

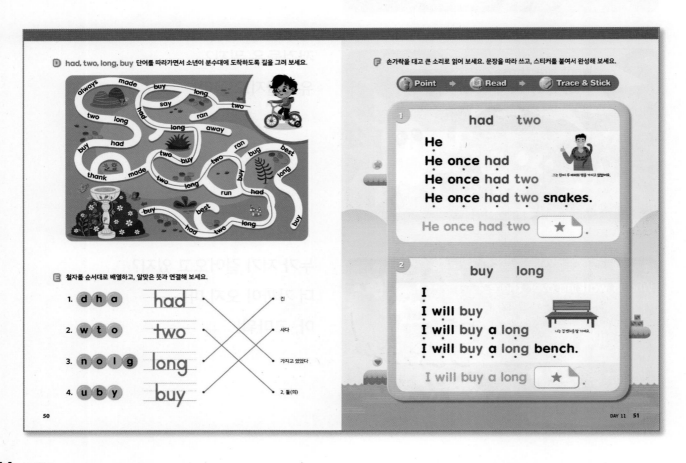

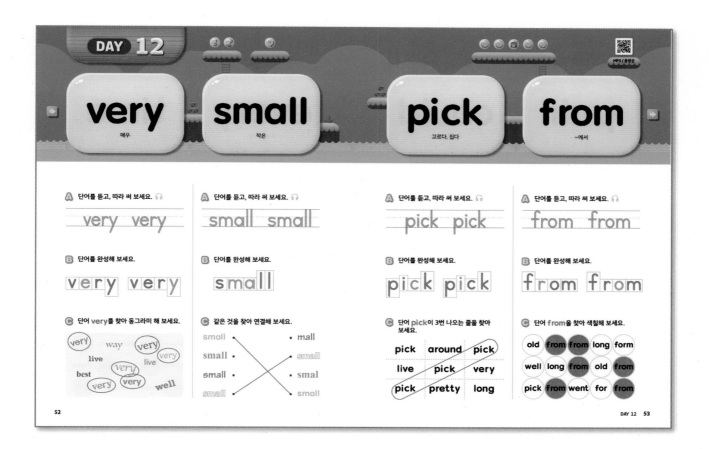

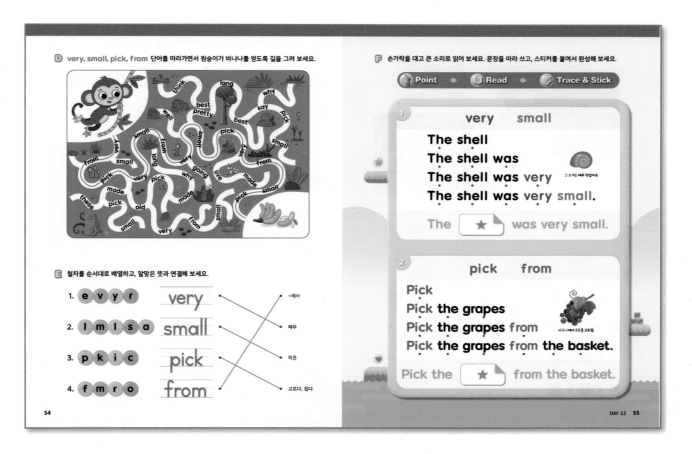

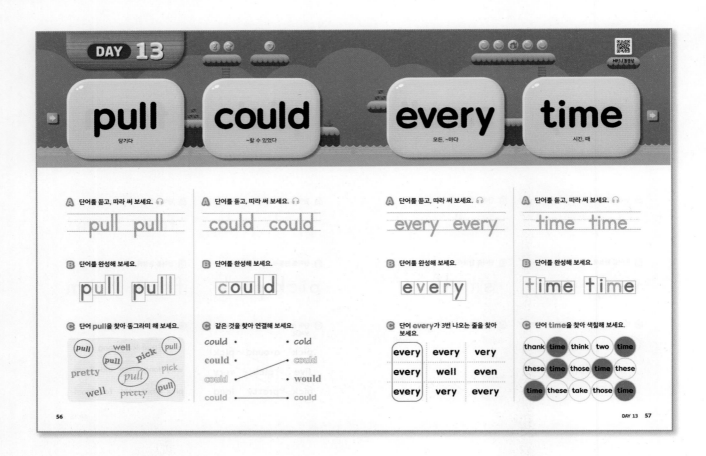

DAY 13

pull
당기다

could
~할 수 있었다

every
모든, ~마다

time
시간, 때

A 단어를 듣고, 따라 써 보세요. 🎧

pull pull

B 단어를 완성해 보세요.

pull pull

C 단어 pull을 찾아 동그라미 해 보세요.

pull / well / pull / pull / pick / pretty / pull / pick / well / pretty / pull

A 단어를 듣고, 따라 써 보세요. 🎧

could could

B 단어를 완성해 보세요.

could

C 같은 것을 찾아 연결해 보세요.

could • • cold
could • • could
could • • would
could • • could

A 단어를 듣고, 따라 써 보세요. 🎧

every every

B 단어를 완성해 보세요.

every

C 단어 every가 3번 나오는 줄을 찾아 보세요.

every	every	very
every	well	even
every	very	every

A 단어를 듣고, 따라 써 보세요. 🎧

time time

B 단어를 완성해 보세요.

time time

C 단어 time을 찾아 색칠해 보세요.

thank	time	think	two	time
these	time	those	time	these
time	these	take	those	time

56

DAY 13 57

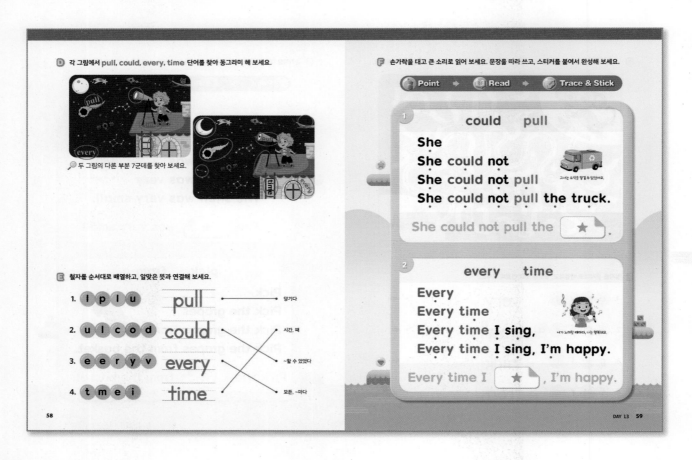

D 각 그림에서 pull, could, every, time 단어를 찾아 동그라미 해 보세요.

🔍 두 그림의 다른 부분 7군데를 찾아 보세요.

E 철자를 순서대로 배열하고, 알맞은 뜻과 연결해 보세요.

1. l p l u   pull   • • 당기다
2. u l c o d   could   • • 시간, 때
3. e e r y v   every   • • ~할 수 있었다
4. t m e i   time   • • 모든, ~마다

58

F 손가락을 대고 큰 소리로 읽어 보세요. 문장을 따라 쓰고, 스티커를 붙여서 완성해 보세요.

🖐 Point → 👄 Read → ✏️ Trace & Stick

1   could   pull

She
She could not
She could not pull
She could not pull the truck.

그녀는 트럭을 당길 수 없었어요.

She could not pull the ⭐.

2   every   time

Every
Every time
Every time I sing,
Every time I sing, I'm happy.

내가 노래할 때마다, 나는 행복해요.

Every time I ⭐, I'm happy.

DAY 13 59

16

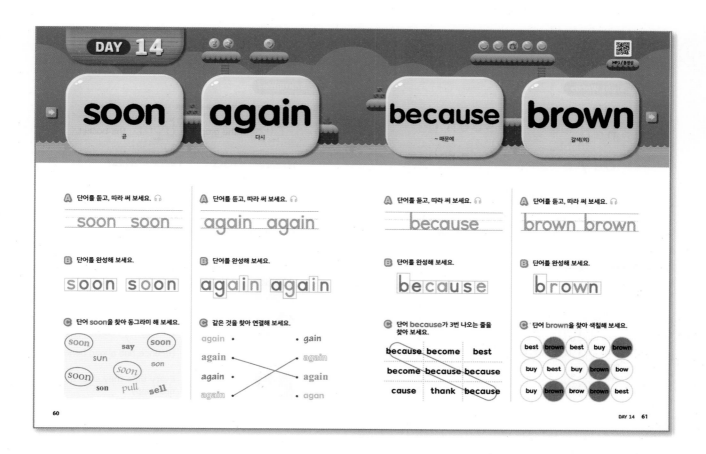

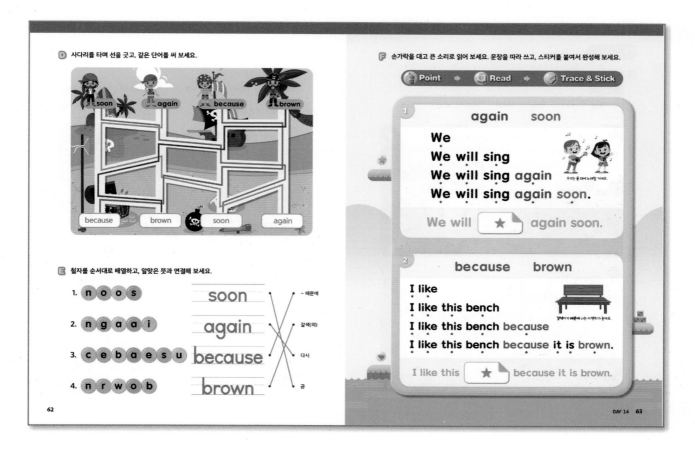

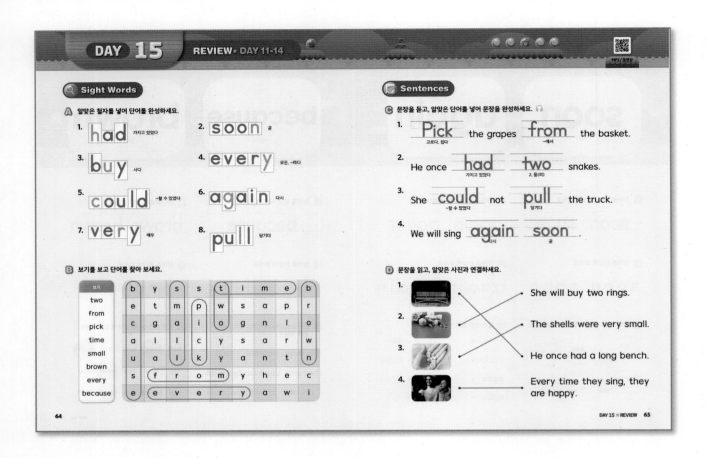

Sight Words

A 알맞은 철자를 넣어 단어를 완성하세요.

1. **had** 가지고 있었다
2. **soon** 곧
3. **buy** 사다
4. **every** 모든, ~마다
5. **could** ~할 수 있었다
6. **again** 다시
7. **very** 매우
8. **pull** 당기다

B 보기를 보고 단어를 찾아 보세요.

보기: two, from, pick, time, small, brown, every, because

b	y	s	s	t	i	m	e	b
e	t	m	p	w	s	a	p	r
c	g	a	i	o	g	n	l	o
a	l	l	c	y	s	a	r	w
u	a	l	k	y	a	n	t	n
s	f	r	o	m	y	h	e	c
e	e	v	e	r	y	a	w	i

Sentences

C 문장을 듣고, 알맞은 단어를 넣어 문장을 완성하세요.

1. **Pick** 고르다, 딴다 the grapes **from** ~에서 the basket.
2. He once **had** 가지고 있었다 **two** 2, 둘(의) snakes.
3. She **could** ~할 수 있었다 not **pull** 당기다 the truck.
4. We will sing **again** 다시 **soon** 곧 .

D 문장을 읽고, 알맞은 사진과 연결하세요.

1. — She will buy two rings.
2. — The shells were very small.
3. — He once had a long bench.
4. — Every time they sing, they are happy.

64   65

Story

E 보기 단어들을 찾아 동그라미 해 보세요.

보기: had   two   time   small   pull   every   pick

1. Elephant once **had** a short nose and **small** ears. He also **had** **two** bad habits.

2. **Every** **time** he **pick**ed his nose, it grew.

F 단어를 듣고, 큰 소리로 따라 말해 보세요.

short 짧은   nose 코   ear 귀   habit 습관   grew 자라났다

G 스토리를 듣고, 세 번 읽어 보세요. ✔☐☐☐

3. **Every** **time** he **pull**ed his ears, they grew.

4. But he **could** not stop. Now he has a **long** nose and big ears.

66   67

18

① Elephant once **had** a short nose and **small** ears. He also **had two** bad habits.

코끼리는 한때 코가 짧고 귀가 작았습니다. 그는 또한 나쁜 버릇 두 가지를 가지고 있었습니다.

② **Every time** he **pick**ed his nose, it grew.

그가 코를 후빌 때마다, 코가 자라났습니다.

③ **Every time** he **pull**ed his ears, they grew.

그가 귀를 잡아당길 때마다, 귀가 자라났습니다.

④ But he **could** not stop. Now he has a **long** nose and big ears.

하지만 그는 멈출 수 없었습니다.

이제 그는 코가 길고 귀가 큽니다.

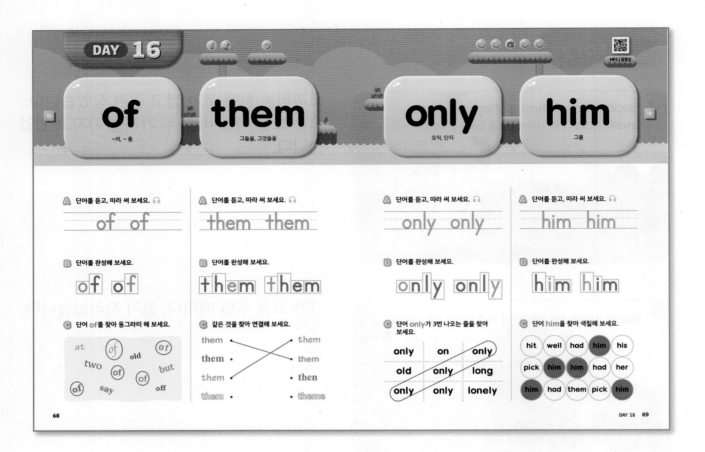

DAY 16

of ~의, ~중

them 그들을, 그것들을

only 오직, 단지

him 그를

A 단어를 듣고, 따라 써 보세요.

of of

them them

only only

him him

B 단어를 완성해 보세요.

of of

them them

only only

him him

C 단어 of를 찾아 동그라미 해 보세요.

at (of) of
two (of) old
(of) (of) but
(of) say off

C 같은 것을 찾아 연결해 보세요.

them — them
them — them
them — then
them — theme

C 단어 only가 3번 나오는 줄을 찾아 보세요.

only	on	only
old	only	long
only	only	lonely

C 단어 him을 찾아 색칠해 보세요.

hit	well	had	him	his
pick	him	him	had	her
him	had	them	pick	him

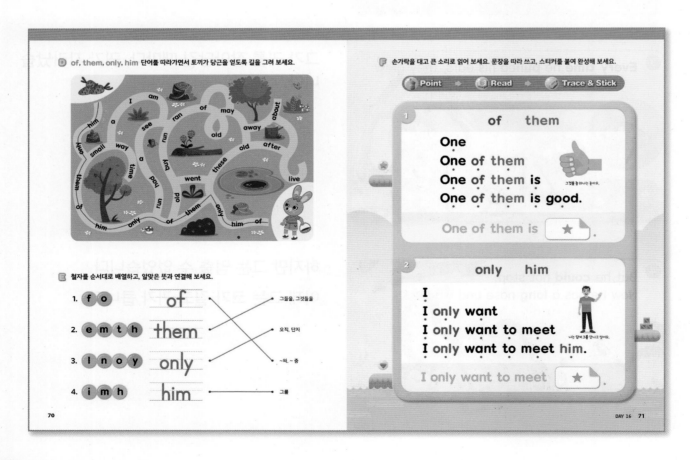

D of, them, only, him 단어를 따라가면서 토끼가 당근을 얻도록 길을 그려 보세요.

E 철자를 순서대로 배열하고, 알맞은 뜻과 연결해 보세요.

1. f o   of — 그들을, 그것들을
2. e m t h   them — 오직, 단지
3. l n o y   only — ~의, ~중
4. i m h   him — 그를

F 손가락을 대고 큰 소리로 읽어 보세요. 문장을 따라 쓰고, 스티커를 붙여 완성해 보세요.

Point ➡ Read ➡ Trace & Stick

1 **of   them**

One
One of them
One of them is
One of them is good.

그것들 중 하나가 좋아요.

One of them is ★ .

2 **only   him**

I
I only want
I only want to meet
I only want to meet him.

나는 당겨 그를 만나고 싶어요.

I only want to meet ★ .

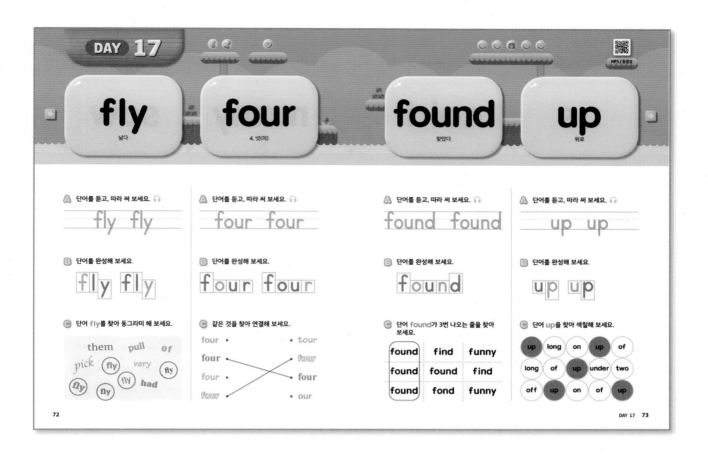

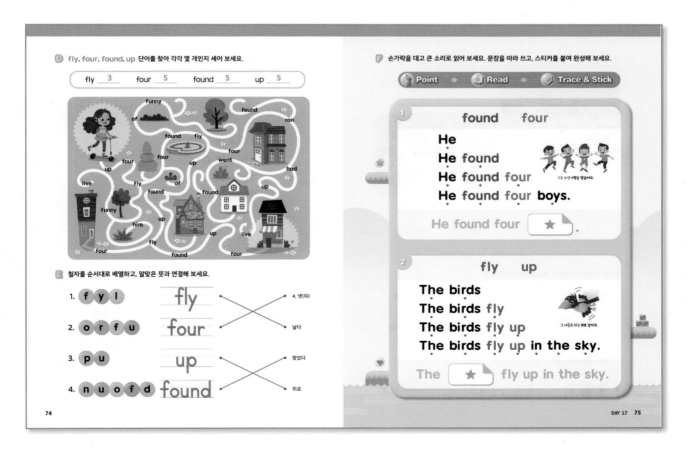

as
~만큼

cold
차가운

many
많은

saw
보았다

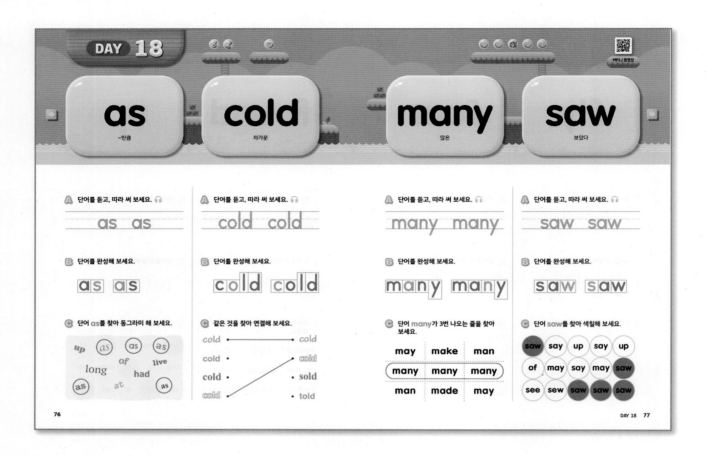

A 단어를 듣고, 따라 써 보세요. 🎧

as as

B 단어를 완성해 보세요.

as as

C 단어 as를 찾아 동그라미 해 보세요.

up (as) (as) (as)
of live
long had
(as) at (as)

A 단어를 듣고, 따라 써 보세요. 🎧

cold cold

B 단어를 완성해 보세요.

cold cold

C 같은 것을 찾아 연결해 보세요.

cold ———— cold
cold • • cold
cold • • sold
cold • • told

A 단어를 듣고, 따라 써 보세요. 🎧

many many

B 단어를 완성해 보세요.

many many

C 단어 many가 3번 나오는 줄을 찾아 보세요.

may	make	man
many	many	many
man	made	may

A 단어를 듣고, 따라 써 보세요. 🎧

saw saw

B 단어를 완성해 보세요.

saw saw

C 단어 saw를 찾아 색칠해 보세요.

saw say up say up
of may say may saw
see sew saw saw saw

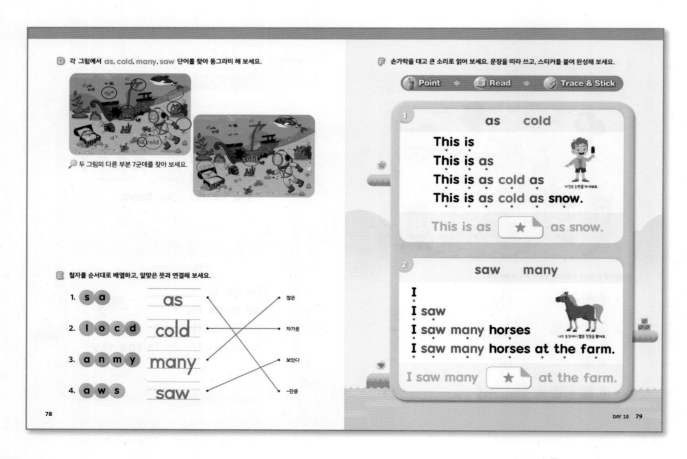

D 각 그림에서 as, cold, many, saw 단어를 찾아 동그라미 해 보세요.

🔍 두 그림의 다른 부분 7군데를 찾아 보세요.

E 철자를 순서대로 배열하고, 알맞은 뜻과 연결해 보세요.

1. s a   as   • 많은
2. l o c d cold   • 차가운
3. a n m y many   • 보았다
4. a w s   saw   • ~만큼

F 손가락을 대고 큰 소리로 읽어 보세요. 문장을 따라 쓰고, 스티커를 붙여 완성해 보세요.

Point ➡ Read ➡ Trace & Stick

1 as   cold

This is
This is as
This is as cold as
This is as cold as snow.

This is as ★ as snow.

2 saw   many

I
I saw
I saw many horses
I saw many horses at the farm.

I saw many ★ at the farm.

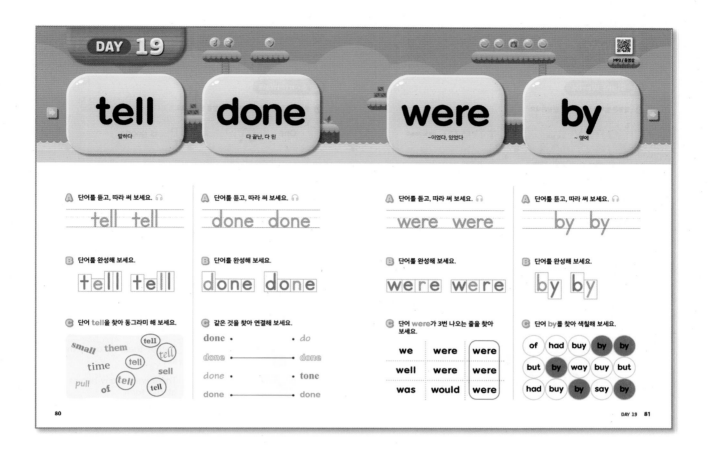

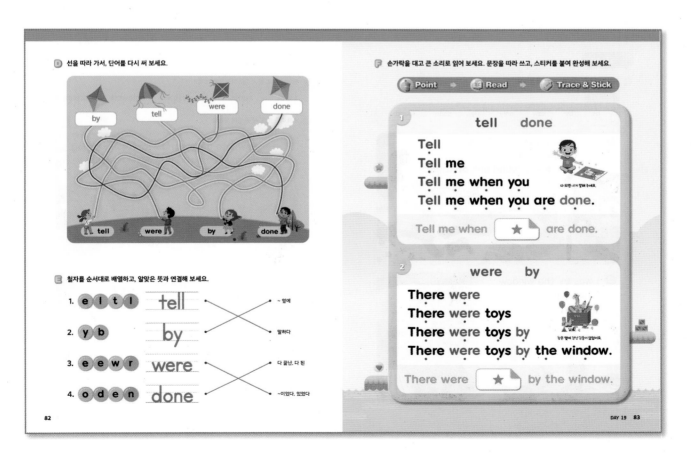

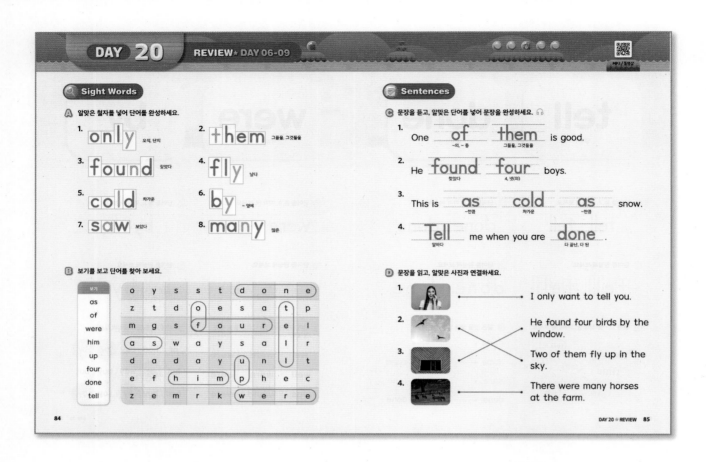

Sight Words

A 알맞은 철자를 넣어 단어를 완성하세요.

1. only 오직, 단지
2. them 그들을, 그것들을
3. found 찾았다
4. fly 날다
5. cold 차가운
6. by ~ 옆에
7. saw 보았다
8. many 많은

B 보기를 보고 단어를 찾아 보세요.

보기
as / of / were / him / up / four / done / tell

o	y	s	s	t	d	o	n	e
z	t	d	o	e	s	a	t	p
m	g	s	f	o	u	r	e	l
a	s	w	a	y	s	a	l	r
d	a	d	a	y	u	n	l	t
e	f	h	i	m	p	h	e	c
z	e	m	r	k	w	e	r	e

Sentences

C 문장을 듣고, 알맞은 단어를 넣어 문장을 완성하세요.

1. One of them is good.
   ~의, ~중 / 그들을, 그것들을
2. He found four boys.
   찾았다 / 4, 넷(의)
3. This is as cold as snow.
   ~만큼 / 차가운 / ~만큼
4. Tell me when you are done.
   말하다 / 다 끝난, 다 된

D 문장을 읽고, 알맞은 사진과 연결하세요.

1.   I only want to tell you.
2.   He found four birds by the window.
3.   Two of them fly up in the sky.
4.   There were many horses at the farm.

84   DAY 20 ★ REVIEW 85

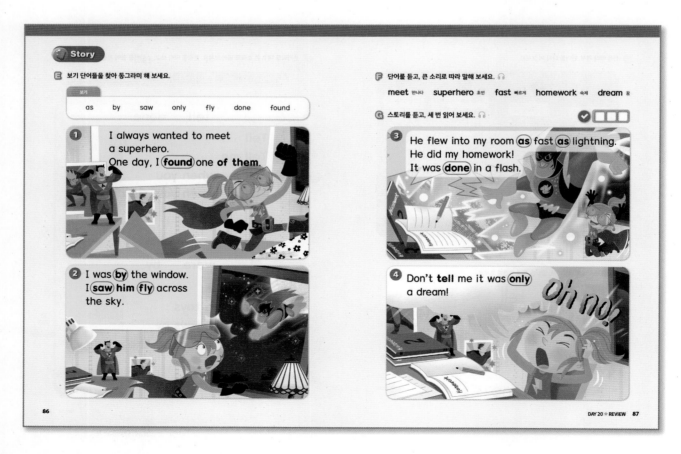

Story

E 보기 단어들을 찾아 동그라미 해 보세요.

보기
as   by   saw   only   fly   done   found

1 I always wanted to meet a superhero.
One day, I found one of them.

2 I was by the window.
I saw him fly across the sky.

F 단어를 듣고, 큰 소리로 따라 말해 보세요.

meet 만나다   superhero 초인   fast 빠르게   homework 숙제   dream 꿈

G 스토리를 듣고, 세 번 읽어 보세요.

3 He flew into my room as fast as lightning.
He did my homework!
It was done in a flash.

4 Don't tell me it was only a dream!

oh no!

86   DAY 20 ★ REVIEW 87

Story

1 I always wanted to meet a superhero.
One day, I **found** one **of them**.

나는 항상 초인을 만나고 싶었어요.
어느 날, 나는 그들 중 하나를 발견했어요.

2 I was **by** the window.
I **saw him fly** across the sky.

나는 창문 옆에 있었어요.
나는 그가 하늘을 가로질러 나는 것을 보았어요.

3 He flew into my room **as** fast **as** lightning.
He did my homework!
It was **done** in a flash.

그는 번개만큼 빠르게 내 방 안으로 날아왔어요.
그는 내 숙제를 했어요!
그것은 눈 깜빡할 사이에 다 끝났어요.

4 Don't **tell** me it was **only** a dream!

나에게 그게 단지 꿈이었다고 말하지 말아요!

just start today cut

just 방금, 막
start 시작하다
today 오늘
cut 자르다, 베었다

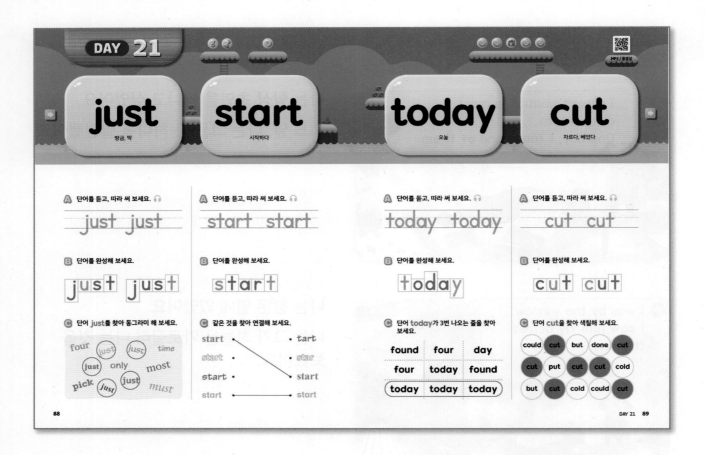

A 단어를 듣고, 따라 써 보세요.

just just

start start

today today

cut cut

B 단어를 완성해 보세요.

just just

start

today

cut cut

C 단어 just를 찾아 동그라미 해 보세요.

four just just time
just only most
pick just just must

C 같은 것을 찾아 연결해 보세요.

start • • tart
start • • star
start • • start
start • • start

C 단어 today가 3번 나오는 줄을 찾아 보세요.

found	four	day
four	today	found
today	today	today

C 단어 cut을 찾아 색칠해 보세요.

could cut but done cut
cut put cut cut cold
but cut cold could cut

88   DAY 21 89

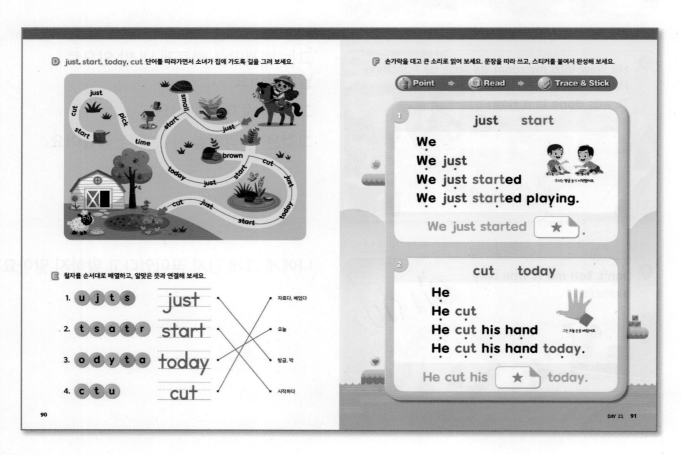

D just, start, today, cut 단어를 따라가면서 소녀가 집에 가도록 길을 그려 보세요.

F 손가락을 대고 큰 소리로 읽어 보세요. 문장을 따라 쓰고, 스티커를 붙여서 완성해 보세요.

Point ➡ Read ➡ Trace & Stick

1 just start

We
We just
We just started
We just started playing.

우리는 방금 놀이 시작했어요.

We just started ★ .

2 cut today

He
He cut
He cut his hand
He cut his hand today.

그는 오늘 손을 베었어요.

He cut his ★ today.

E 철자를 순서대로 배열하고, 알맞은 뜻과 연결해 보세요.

1. u j t s   just   자르다, 베었다
2. t s a t r   start   오늘
3. o d y t a   today   방금, 막
4. c t u   cut   시작하다

90   DAY 21 91

26

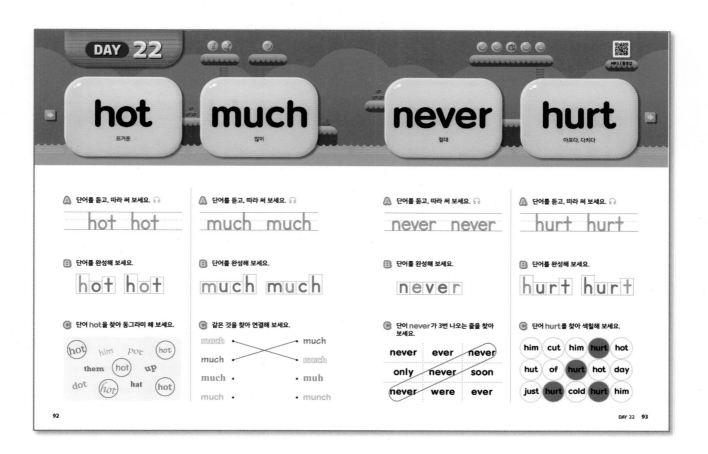

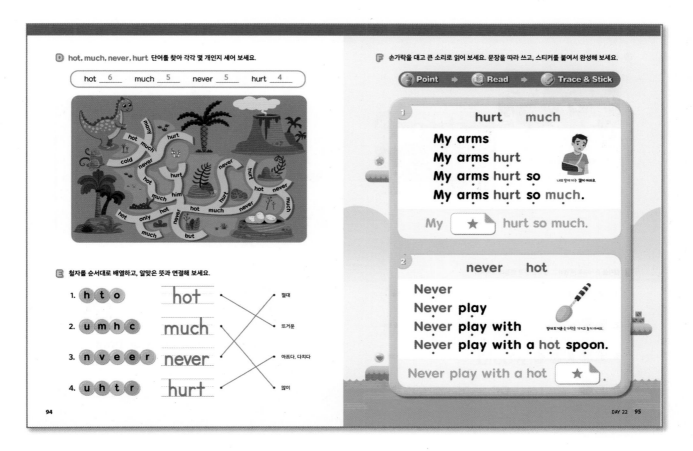

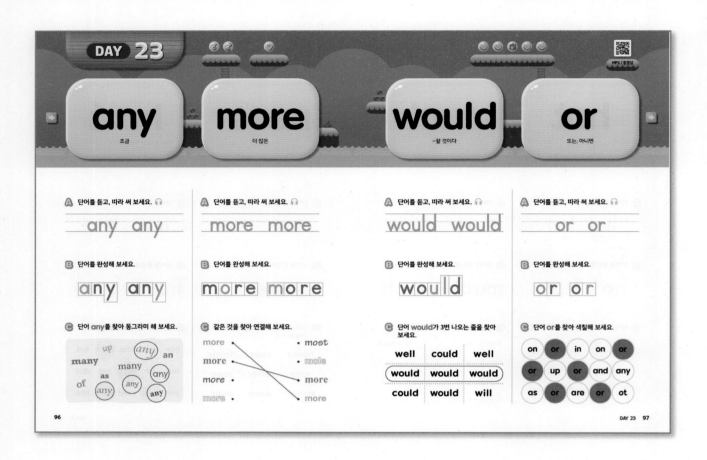

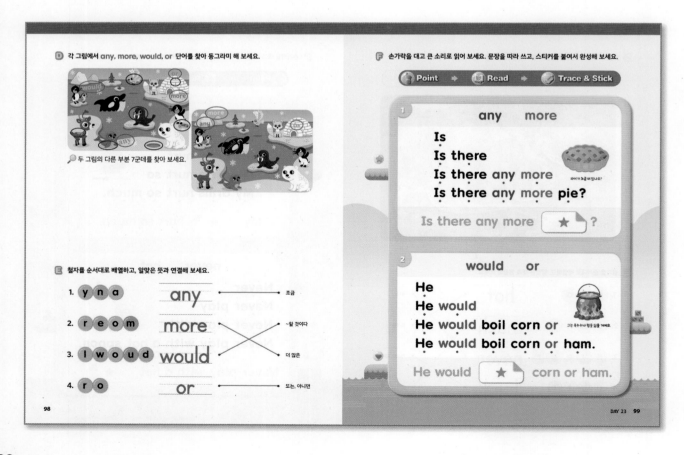

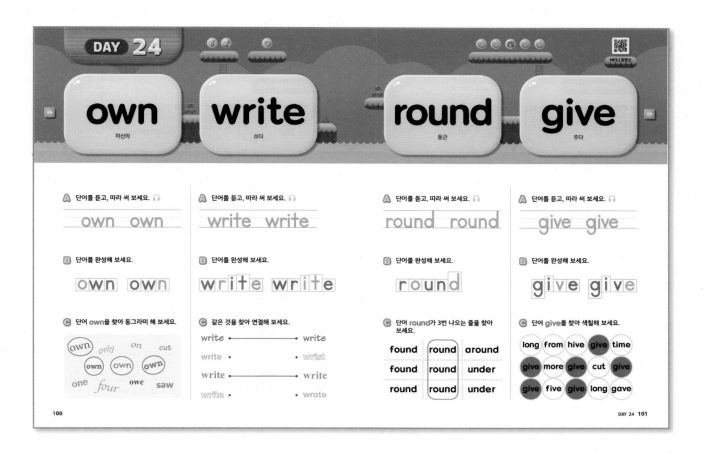

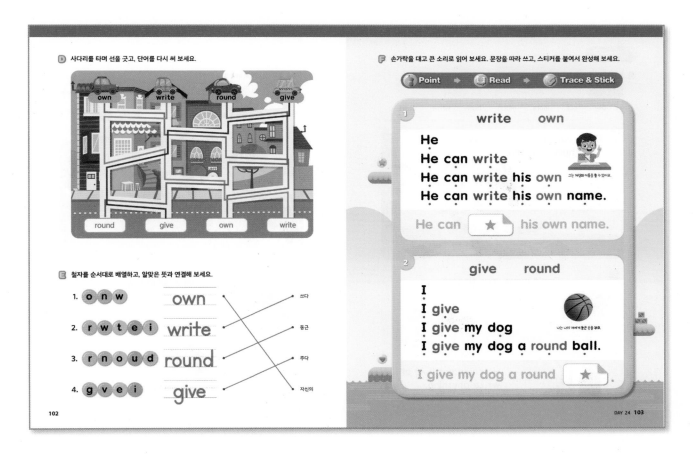

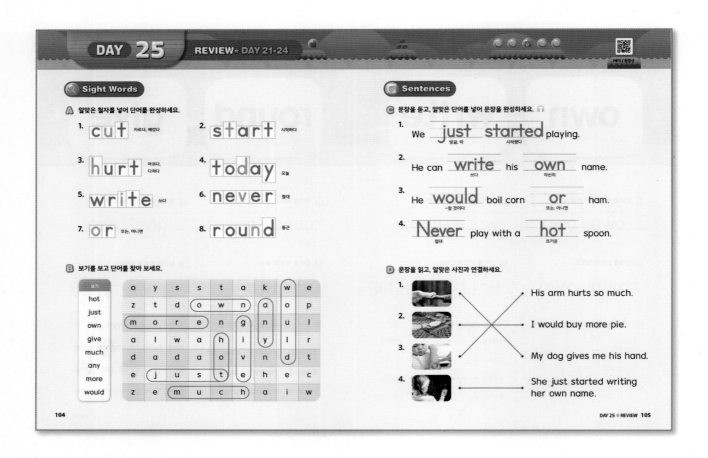

Sight Words

A 알맞은 철자를 넣어 단어를 완성하세요.

1. c u t 자르다, 베었다
2. s t a r t 시작하다
3. h u r t 아프다, 다치다
4. t o d a y 오늘
5. w r i t e 쓰다
6. n e v e r 절대
7. o r 또는, 아니면
8. r o u n d 둥근

B 보기를 보고 단어를 찾아 보세요.

보기
hot
just
own
give
much
any
more
would

o	y	s	s	t	a	k	w	e
z	t	d	o	w	n	a	o	p
m	o	r	e	n	g	n	u	l
a	l	w	a	h	i	y	l	r
d	a	d	a	o	v	n	d	t
e	j	u	s	t	e	h	e	c
z	e	m	u	c	h	a	i	w

Sentences

C 문장을 듣고, 알맞은 단어를 넣어 문장을 완성하세요.

1. We __just__ __started__ playing.
   방금, 딱   시작했다

2. He can __write__ his __own__ name.
   쓰다   자신의

3. He __would__ boil corn __or__ ham.
   ~할 것이다   또는, 아니면

4. __Never__ play with a __hot__ spoon.
   절대   뜨거운

D 문장을 읽고, 알맞은 사진과 연결하세요.

1. • His arm hurts so much.
2. • I would buy more pie.
3. • My dog gives me his hand.
4. • She just started writing her own name.

104   DAY 25 ⁂ REVIEW 105

Story

E 보기 단어들을 찾아 동그라미 해 보세요.

보기
any   cut   more   much   hurt   write   start

1. Dean (cut) his fingers **today**. They (hurt) so (much).

2. Don't move your fingers.
   He could not hold **or** (write) anything.

F 단어를 듣고, 큰 소리로 따라 말해 보세요.

finger 손가락   move 움직이다   hold 잡다   get ~해지다   bored 지루한

G 스토리를 듣고, 세 번 읽어 보세요.

3. He **start**ed getting bored. But he **would** not (hurt) (any) (more) fingers.

4. I am a good boy. I will not move my fingers.

106   DAY 25 ⁂ REVIEW 107

30

딘은 오늘 그의 손가락을 베였어요.
아주 많이 아픕니다.

의사: 손가락을 움직이지 마세요.
그는 어떤 것도 잡거나 글씨를 쓸 수 없었어요.

그는 지루해지기 시작했어요.
하지만 그는 더 많은 손가락을 다치게 하지 않을 것이었어요.

딘: 나는 착한 아이야.
    나는 손가락을 움직이지 않을 거야.

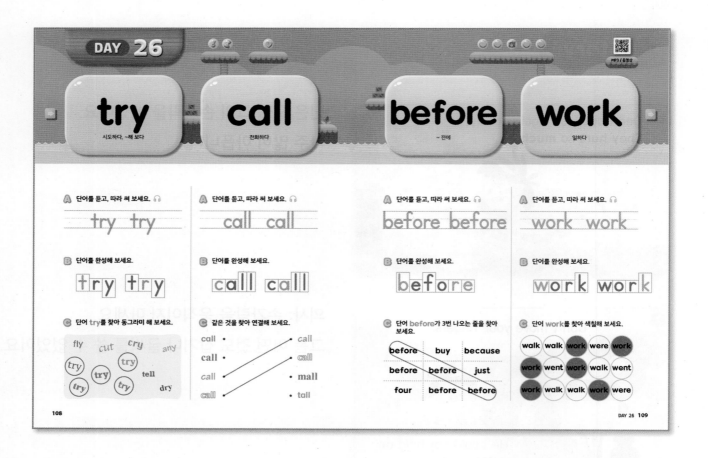

DAY 26

try
시도하다, ~해 보다

call
전화하다

before
~ 전에

work
일하다

A 단어를 듣고, 따라 써 보세요.

try try

B 단어를 완성해 보세요.

try try

C 단어 try를 찾아 동그라미 해 보세요.

fly cut cry any
try try tell
try try dry

A 단어를 듣고, 따라 써 보세요.

call call

B 단어를 완성해 보세요.

call call

C 같은 것을 찾아 연결해 보세요.

call •   • call
call •   • call
call •   • mall
call •   • tall

A 단어를 듣고, 따라 써 보세요.

before before

B 단어를 완성해 보세요.

before

C 단어 before가 3번 나오는 줄을 찾아 보세요.

before	buy	because
before	before	just
four	before	before

A 단어를 듣고, 따라 써 보세요.

work work

B 단어를 완성해 보세요.

work work

C 단어 work를 찾아 색칠해 보세요.

walk	walk	work	were	work
work	went	work	walk	went
work	walk	walk	work	were

108

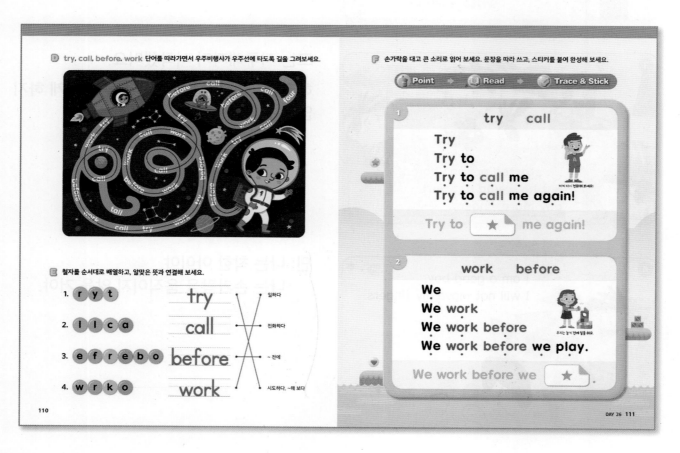

D try, call, before, work 단어를 따라가면서 우주비행사가 우주선에 타도록 길을 그려보세요.

E 철자를 순서대로 배열하고, 알맞은 뜻과 연결해 보세요.

1. r y t → try — 일하다
2. l l c a → call — 전화하다
3. e f r e b o → before — ~ 전에
4. w r k o → work — 시도하다, ~해 보다

F 손가락을 대고 큰 소리로 읽어 보세요. 문장을 따라 쓰고, 스티커를 붙여 완성해 보세요.

Point → Read → Trace & Stick

1 try   call

Try
Try to
Try to call me
Try to call me again!

Try to ★ me again!

2 work   before

We
We work
We work before
We work before we play.

We work before we ★ .

110

32

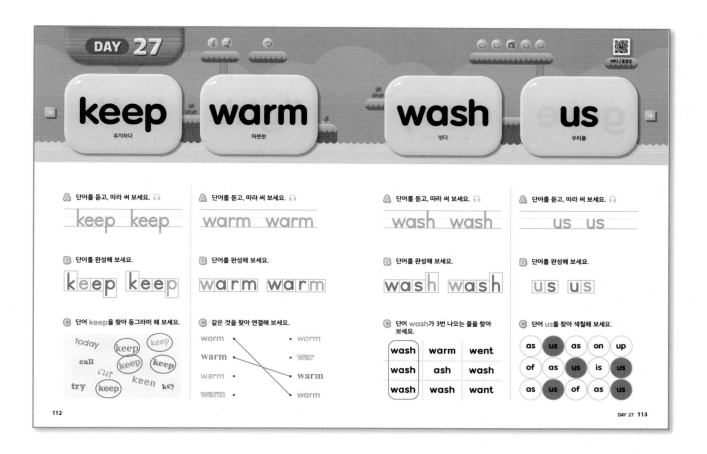

keep 유지하다
warm 따뜻한
wash 씻다
us 우리를

A 단어를 듣고, 따라 써 보세요. 🎧
keep keep

B 단어를 완성해 보세요.
keep keep

C 단어 keep을 찾아 동그라미 해 보세요.
today keep keep
call keep
cut keep
try keep keen key

A 단어를 듣고, 따라 써 보세요. 🎧
warm warm

B 단어를 완성해 보세요.
warm warm

C 같은 것을 찾아 연결해 보세요.
warm • • worm
warm • • war
warm • • warm
warm • • warm

A 단어를 듣고, 따라 써 보세요. 🎧
wash wash

B 단어를 완성해 보세요.
wash wash

C 단어 wash가 3번 나오는 줄을 찾아 보세요.

wash	warm	went
wash	ash	wash
wash	wash	want

A 단어를 듣고, 따라 써 보세요. 🎧
us us

B 단어를 완성해 보세요.
us us

C 단어 us를 찾아 색칠해 보세요.

as	us	as	on	up
of	as	us	is	us
as	us	of	as	us

112

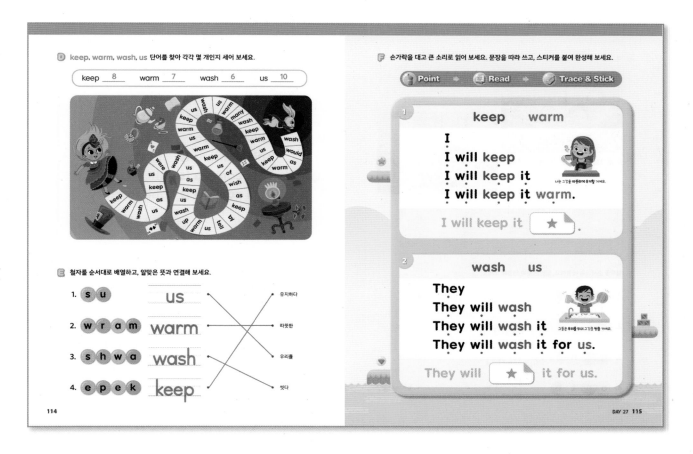

D keep, warm, wash, us 단어를 찾아 각각 몇 개인지 세어 보세요.

keep __8__ warm __7__ wash __6__ us __10__

E 철자를 순서대로 배열하고, 알맞은 뜻과 연결해 보세요.

1. s u   us   • 유지하다
2. w r a m   warm   • 따뜻한
3. s h w a   wash   • 우리를
4. e p e k   keep   • 씻다

F 손가락을 대고 큰 소리로 읽어 보세요. 문장을 따라 쓰고, 스티커를 붙여 완성해 보세요.

Point ➡ Read ➡ Trace & Stick

1 keep   warm
I
I will keep
I will keep it
I will keep it warm.

나는 그것을 따뜻하게 유지할 거예요.

I will keep it ★

2 wash   us
They
They will wash
They will wash it
They will wash it for us.

그들은 우리를 위해 그것을 씻을 거예요.

They will ★ it for us.

114

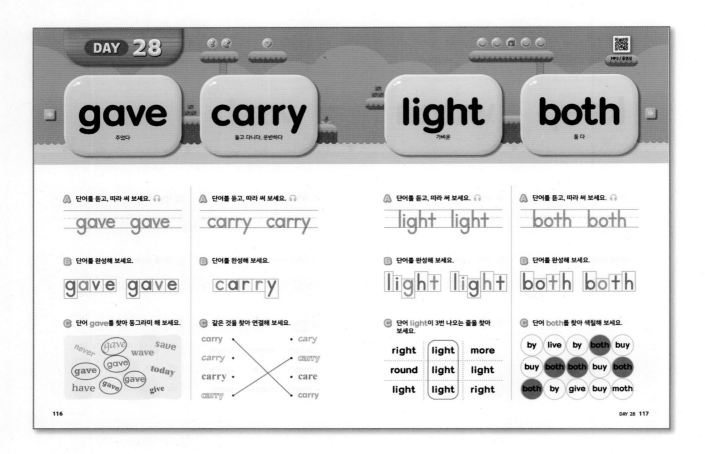

gave
주었다

carry
들고 다니다, 운반하다

light
가벼운

both
둘 다

Ⓐ 단어를 듣고, 따라 써 보세요. 🎧

gave gave

Ⓑ 단어를 완성해 보세요.

gave gave

Ⓒ 단어 gave를 찾아 동그라미 해 보세요.

never gave save
wave
gave gave today
have gave gave give

Ⓐ 단어를 듣고, 따라 써 보세요. 🎧

carry carry

Ⓑ 단어를 완성해 보세요.

carry

Ⓒ 같은 것을 찾아 연결해 보세요.

carry • • cary
carry • • carry
carry • • care
carry • • carry

Ⓐ 단어를 듣고, 따라 써 보세요. 🎧

light light

Ⓑ 단어를 완성해 보세요.

light light

Ⓒ 단어 light이 3번 나오는 줄을 찾아 보세요.

right	light	more
round	light	light
light	light	right

Ⓐ 단어를 듣고, 따라 써 보세요. 🎧

both both

Ⓑ 단어를 완성해 보세요.

both both

Ⓒ 단어 both를 찾아 색칠해 보세요.

by	live	by	both	buy
buy	both	both	buy	both
both	by	give	buy	moth

116

DAY 28 117

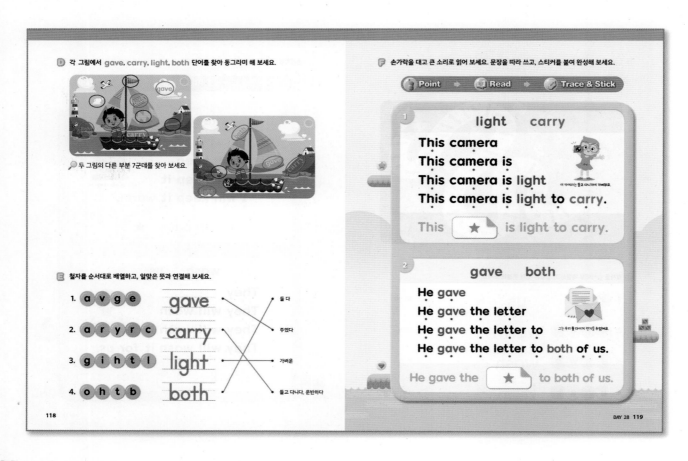

Ⓓ 각 그림에서 gave, carry, light, both 단어를 찾아 동그라미 해 보세요.

🔍 두 그림의 다른 부분 7군데를 찾아 보세요.

Ⓔ 철자를 순서대로 배열하고, 알맞은 뜻과 연결해 보세요.

1. a v g e   gave   • 둘 다
2. a r y r c   carry   • 주었다
3. g i h t l   light   • 가벼운
4. o h t b   both   • 들고 다니다, 운반하다

Ⓕ 손가락을 대고 큰 소리로 읽어 보세요. 문장을 따라 쓰고, 스티커를 붙여 완성해 보세요.

Point → Read → Trace & Stick

1 light   carry

This camera
This camera is
This camera is light
This camera is light to carry.

이 아이디어는 듣고 다니기에 가벼워요.

This ⭐ is light to carry.

2 gave   both

He gave
He gave the letter
He gave the letter to
He gave the letter to both of us.

그는 우리 둘에게 편지를 주었어요.

He gave the ⭐ to both of us.

118

DAY 28 119

34

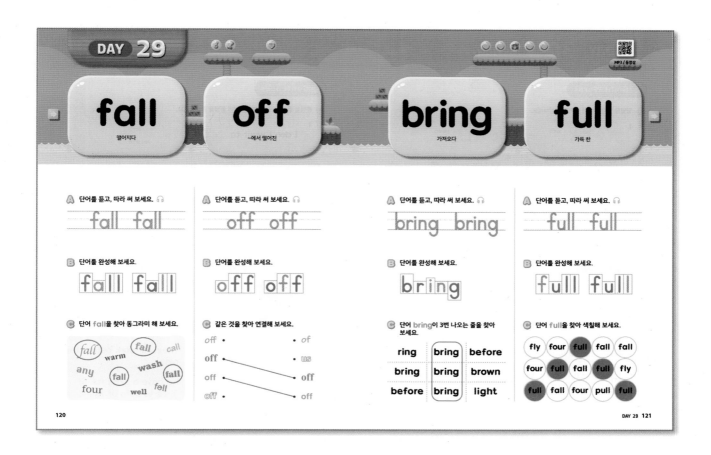

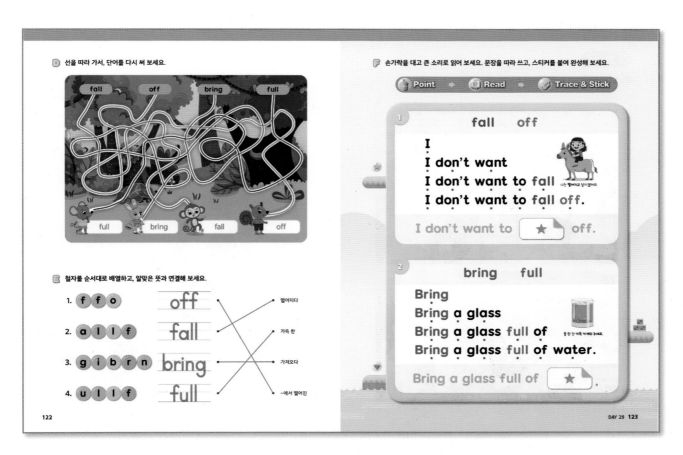

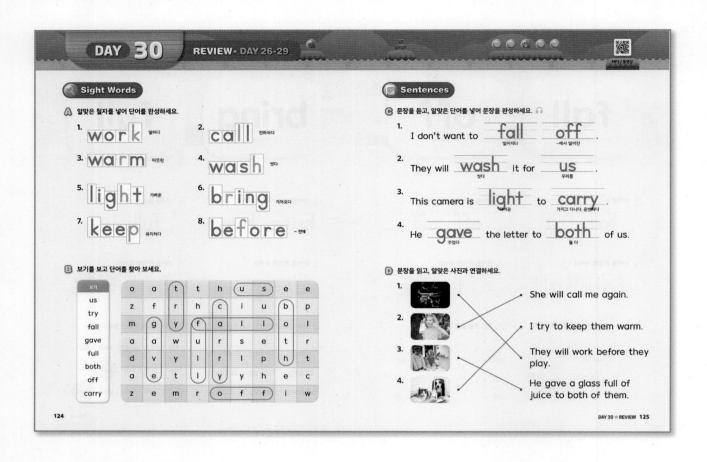

Sight Words

A 알맞은 철자를 넣어 단어를 완성하세요.

1. work 일하다
2. call 전화하다
3. warm 따뜻한
4. wash 씻다
5. light 가벼운
6. bring 가져오다
7. keep 유지하다
8. before ~전에

B 보기를 보고 단어를 찾아 보세요.

보기
us
try
fall
gave
full
both
off
carry

o	a	t	t	h	u	s	e	e
z	f	r	h	c	i	u	b	p
m	g	y	f	a	l	l	o	l
a	a	w	u	r	s	e	t	r
d	v	y	l	r	l	p	h	t
a	e	t	l	y	y	h	e	c
z	e	m	r	o	f	f	i	w

Sentences

C 문장을 듣고, 알맞은 단어를 넣어 문장을 완성하세요.

1. I don't want to fall 떨어지다 off ~에서 떨어진 .
2. They will wash 씻다 it for us 우리를 .
3. This camera is light 가벼운 to carry 가지고 다니다, 운반하다 .
4. He gave 주었다 the letter to both 둘 다 of us.

D 문장을 읽고, 알맞은 사진과 연결하세요.

1. • She will call me again.
2. • I try to keep them warm.
3. • They will work before they play.
4. • He gave a glass full of juice to both of them.

Story

E 알맞은 철자를 넣어 단어를 완성하세요.

보기
us try carry both full keep before

1 Our parents are going on vacation. They (try) to pack their bag.

2 This is too (full) It will not be light to (carry).

F 단어를 듣고, 큰 소리로 따라 말해 보세요.

vacation 휴가 pack 싸다, 꾸리다 push 밀다 close 닫다 leave 떠나다

G 스토리를 듣고, 세 번 읽어 보세요.

3 (Try) to push me. I can't (keep) it closed. We need to close it (before) we leave.

4 Please take (both) of (us) with you!

Story

① Our parents are going on vacation. They **try** to pack their bag.

우리 부모님이 휴가를 가세요.
그분들은 가방을 싸려고 해요.

② This is too **full**. It will not be **light** to **carry**.

이것은 너무 가득 차 있어요.
들고 다니기 가볍지 않을 거예요.

③ **Try** to push me. I can't **keep** it closed. We need to close it **before** we leave.

나를 밀어 봐요.
닫힌 상태로 유지할 수가 없어요.

우리가 떠나기 전에는 이것을
닫아야 해요.

④ Please take **both** of **us** with you!

제발 우리 둘 다 함께 데려가 주세요!

쉽고 재미있는 문장 쓰기부터, 체계적인 에세이 작성까지!

친절한 Writing 시리즈

Write It! Beginner

(초 2~3학년)

Write It!

(초 4~5학년)

Write It! Paragraph to Essay

(초 6~중등)

NE_Build & Grow

홈페이지
바로가기

네이버카페
바로가기

엄마의 부담은 덜고, 아이의 실력은 높이는 우리집 영어 시간!

초등영어
홈스쿨링이
된다!

초1~6

초3~6

초3~6

예비초~초2

★ **초등영어 리딩이 된다**
파닉스 마스터부터
교과 연계 리딩까지

★ **초등영어 단어가 된다**
교육부 권장 초등 필수
영단어 완전 분석

★ **초등영어 문법이 된다**
영문법 입문자를 위한
쉬운 개념 설명

★ **초등영어 파닉스가 된다**
철자 블랜딩(소리 조합) 연습으로
진짜 읽고 쓰기까지 가능

초등영어 된다 시리즈로 홈스쿨링 걱정 끝!

온라인 레벨테스트로
자녀 학습 수준에
딱 맞는 정확한 단계 선택

문법해설, 영상, 음원이
모두 들어있는
모바일 티칭 가이드

워크시트 등
다양한 무료 부가자료
서비스 제공

NE

www.nebooks.co.kr